센스 9단

작지만 강한 기업의 성장 엔진

센스 9단

홍종국 지음

모아북스
MOABOOKS

●

아들 이름을 걸고
사업을 결심하다

앞길을 활짝 열어준 행운의 일본박람회

나는 지금껏 스테인리스 기술 개발과 용품 만들기에 바쳐왔다. 화
성스테인리스에 기술자로 근무하던 1989년, 사장님이 일본에서 열린
주방용품박람회에 나를 데려갔다. 기술자로서 눈을 더 크게 틔워주
려고 특혜를 베푼 것이다. 이 일이 내 인생의 변곡점이 되고, 나중에
현진금속이 탄생하는 밀알이 될 줄은 그땐 꿈에도 몰랐다.

전시회 관람을 다니는데, 물이 끓으면 "삐~" 소리를 내는 주전자가
눈에 번쩍 띄었다. 왜 안 그러겠는가. 물 끓인다고 불에 주전자 올려놓
고 까맣게 잊어먹어 낭패를 보는 일이 어디 나만의 경험인가. 보는 순

간 나도 모르게 탁, 무릎을 쳤다. 아, 왜 저걸 진작 몰랐을까. 그걸 두 개 사서 돌아와 하나는 아내한테 주고 하나는 공장으로 가져와 분해하여 밤낮으로 연구했다.

그러는 한편으로 시장조사를 하려고 롯데백화점에 나가봤더니 알루미늄으로 만든 일본 제품이 들어와 있었다. 당시 4만7,000원의 고가에 팔리고 있었는데, 원가 계산을 해보니 4,200원에 불과했다. 그러면 가격을 절반 이하로 낮추어 공급할 수 있으니, 승산이 충분하다는 계산이 섰다. 개발계획서를 제출하여 회사의 승인을 받은 후 본격적으로 개발에 들어갔다.

마침내 끓는 물에 반응하여 소리를 내는 원리를 터득한 나는 그걸 업그레이드했다. 일본 제품은 소리가 시원치 않았다. 소리를 내는 재료는 하모니카에서 소리를 증폭시키는 재료로 쓰는 우레탄인데, 일본 것은 두께가 0.4mm로 좀 두꺼웠다. 그걸 0.3mm로 더 얇게 깎아 붙였더니 멀리서도 들릴 만큼 소리가 엄청나게 커졌다.

수십 번의 실패 끝에 소리를 키우는 데 성공한 것이다. 그때의 기쁨이란 말도 못 하게 짜릿했다. 석 달 만에 개발을 끝내고 제품 생산에 들어갔다. 판매가격은 일본 제품의 절반에도 훨씬 못 미치는 1만8,600원을 매겼다.

이리하여 국내에서 처음으로 생산된 '소리 나는 주전자'는 출시되자마자 불티나게 팔렸다. 그야말로 날개 돋친 듯이 팔려나갔다. 판매상들이 물건을 받기 위해 현금을 싸들고 줄을 설 정도였다. 수동으로 작동하는 생산 공정으로는 도저히 감당이 되지 않아 자동으로 바꿔야 했다. 돈벼락을 맞는다는 게 이런 거구나, 하는 실감이 들었다.

스테인리스 주방용품 업계에서 소리 나는 주전자는 한동안 트렌드가 된 것인데, 그동안 회사도 나도 엄청난 변화를 겪었다. 회사는 넓은 부지에 공장을 크게 지어서 이사를 가고, 나는 입사 6년 만인 31세에 일약 부장으로 승진했다.

이윽고 월급보다 많은 활동비를 쓰는 이사로 승진하여 높이 날아올랐다. 입사 선배들한테 시기질투를 받기는 했지만 회사의 신뢰를 바탕으로 내 역량을 마음껏 발휘할 수 있었다. 트렌드를 창출하는 자만이 누릴 수 있는 특권 같은 거였다.

회사 첫 출근, 아침청소로 시작하다

나의 직업생활은 운이 좋았다. 첫 직장에서 오로지 신의와 능력으로 사람을 평가해준 사장님을 만나, 내가 가진 역량을 발휘하고 더욱 키우게 된 것은 정말이지 엄청난 행운이자 인복이었다.

화성스테인리스에서 나는 그저 월급쟁이가 아니었다. 아무리 하찮아 보이는 일을 하더라도 '어떻게 하면 더 잘할까' 늘 궁리를 하고 최선을 다했다. 하찮아 보이는 일도 정성을 들이니 중요한 일이 되었다. 반면에 아무리 중요한 일도 하찮은 태도로 하게 되면 하찮은 일이 되고 말지 않겠는가. 사실 일에 하찮고 말고가 따로 있겠는가. 다 필요한 일이니까 하는 거고, 필요한 일이면 다 중요한 일이다.

1986년, 스물다섯 살에 기술자로 입사한 나는 매일 아침 7시에 출근했다. 일을 시작하는 시간이 8시 30분이어서 다들 8시쯤이면 출근해서 소소한 자기 볼 일을 봤다. 나는 그보다 한 시간 일찍 나와서 공장 안팎을 광이 나도록 청소하고 작업현장을 말끔하게 정돈했다. 누가 시켜서 한 것도 아니고, 그동안 나태하게 살았던 나 자신을 바꿔보려고 시작한 일이었다.

나는 비가 오나 눈이 오나 하루도 빠지지 않고 아침마다 일찍 나와 청소를 했다. 한 시간이나 일찍 나와 사장님은 물론 다른 직원들이 출근하기 전에 청소를 싹 마치고 시치미 뚝 뗐으니, 누가 알 리도 없었다. 왜 이렇게 공장이 깨끗해졌는지 궁금하기는 했을 것이다. 사장님 사택이 공장 근처에 있는데, 사장님이 어쩌다 그걸 보고는 이후로 눈여겨 지켜본 모양이다. 어쩌다 몇 번이라면 '누구한테 잘 보이려고 그러는가 보다' 싶었겠지만 해가 바뀌도록 하루도 빼먹지 않고 지성이니, '허 저놈 진짜구나' 싶었을 것이다.

그래서 입사한 지 3년밖에 안 된 나를 일본박람회에 데려간 거 아니겠는가. '이런 태도라면 무엇을 주든지 어디를 데려가든지 그 값 이상은 하고도 남겠다' 싶지 않겠는가. 그러나 사장님이라고 해서 다 그렇지는 않다. 먼저 그만한 안목이 있어야 하고, 베푸는 아량도 커야 가능한 일이다. 우리 사장님은 한번 믿음이 가는 사람에게는 열려 있는 분이었다. 그래서 홍종국이라는 인재를 알아보고 키워주고 대우해주고 변함없는 신뢰로 전폭 지원해준 것이다.

나는 화성스테인리스에서 신분은 직원이었지만 일은 경영자의 마인드로 배우고 수행한 덕분에 뜻하지 않게 일찍이 경영자 수업을 받은 셈이 되었다. 경영자로서 리더십을 이때 이미 터득하고 경영자로서의 자질을 키운 것이다.

아들 이름으로 사업자등록을 내고 사업을 시작하다

1993년, 나는 화성스테인리스 이사로 재직하는 중에 사장님의 배려로 소사장을 했다. 그러던 중 1997년에는 나더러 독립을 대비해 사업자 등록을 내라는 것이다. 이때 사업자 등록을 하면서 회사 이름을

'현진금속'으로 했다. 내 아들 이름이 현진이다. 왜 하필 아들 이름을 걸었냐면, 아들 보기에 부끄럽지 않은 사업가가 되겠다는 다짐이었다.

그러는 가운데 회사는 중국 시장에 눈을 뜨게 되었다. 2002년에 사장님이 함께 중국 청도에 다녀오자고 했다. 그러고는 청도에 부지 2만 평을 마련해 공장을 옮길 테니 나보고 그 공장을 맡아달라는 것이다. 내겐 더없이 좋은 기회였다. 적어도 5년간은 타지에서 고생은 좀 하겠지만. 그런데 어머니와 아내의 반대가 생각보다 강했다. 무엇보다 아버지가 돌아가신 지 얼마 안 된 차에 쓸쓸해하는 어머니의 뜻을 거스를 수가 없었다. 그래서 사장님한테 솔직히 말씀드렸더니, 그럼 청도 공장이 자리 잡도록 석 달만 봐달라는 것이다. 가족들도 몇 달쯤이라면 다녀오라며 보내주었다.

중국을 다녀와서 뭘 할까 궁리한 끝에 지인들의 권유로 식당을 알아보았다. 뭐가 그리 복잡한지 힘들어하고 있던 참에 친하게 지내던 형님을 만나 내 얘기를 했더니 한마디로 확실하게 길을 잡아주는 것이다.

"네가 왜 식당을 해? 잘하는 거 해야지!"

그 형님이 꽤 잘나가는 임산금속을 운영하고 있었는데, 이후로 내가 자리를 잡기까지 많은 도움을 주었다. 덕분에 정수기에도 눈을 뜨게 되고 회사가 궤도에 올랐다. 그런데 안타깝게도 그 형님이 지병으로 일찍 돌아가셨다. 이후 임산금속은 우여곡절을 겪다가 무너졌는데, 그 기술자들을 우리 현진에서 다 품었다. 그렇게 무너진 회사의 기술자들을 품어서 그 노하우를 현진의 것으로 만든 일이 몇 차례 있었다. 그러면서 '기술 하면 현진'이라 할 정도로 인정받게 된 것이다.

끝은 언제나 또 하나의 시작

현진은 스테인리스 소재 유압 및 프레스 가공 전문 기업으로 풍부한 경험과 기술을 바탕으로 정수기 제품군 및 생활가전, 생활용품, 주방용품 및 의료용품, 군수품 등 다양한 제품을 생산해왔는데, 무엇보다 우리 생활을 편리하게 하는 제품 만들기에 힘을 쏟았다. 참신한 아이디어 역시 생활 속에서 찾았다.

현진은 주로 스테인리스 부품 소재를 생산해왔기 때문에 한동안 독자 브랜드로 시장에 어필할 기회가 없었다. 가령, 정수기를 만들어 파는 것이 아니라 정수기 안에 들어가는 스테인리스 용기를 OEM으로 만들어 납품하기 때문에 그런 부품 하나가 브랜드로 인식될 리가 없었다.

이런 한계를 극복하고자 스테인리스 기술을 이용한 완제품 시장에도 눈을 돌렸다. 마침 플라스틱 밀폐 용기를 사용하는 데 따른 환경호르몬 노출 문제가 부각되면서 변화의 조짐이 보였다. 그래서 스테인리스 스틸 소재를 사용한 주방용 밀폐용기 '어스템U-STEM'을 개발했다. 물론 시장에서 좋은 반응을 얻은 것도 고무적이지만 독자 브랜드를 출시하여 자리를 잡았다는 데 비전이 있었다. 스테인리스를 소재로 만들어진 어스템의 장점은 위생적이고 신선한 보관 기능이 뛰어나다는 것이다. 하지만 단점도 있는데, 내부가 안 보여 불편하다는 것이다. 원하는 내용물을 찾으려면 여러 개의 용기를 일일이 열어봐야 하니까. 그래서 안이 들여다보이는 투시창을 개발하여 붙였더니 아주 편리해졌다. 소비자들의 반응이 폭발했다. 작은 아이디어 하나가 큰 차이를 낳았다.

현진이 개발한 40여 종의 스테인리스 밀폐용기 '어스템'은 비스페놀ABPA, 다이옥신 등 내분비 장애의 원인인 환경호르몬이 유발되지 않는 친환경 제품으로 인체에 안전하다. 또 용기 뚜껑에 부착된 실리콘 패킹중공형이 용기 윗면에 균일하게 밀착되면서 공기를 차단해 음식물의 수분이 쉽게 증발되지 않는다.

게다가 스테인리스에 함유된 구리 성분이 항균 효과를 발휘하며 세균 번식을 억제해 음식의 신선도가 오래 유지되고 용기에 냄새나 색소가 배지 않는다.

그뿐이 아니다. 뜨거운 음식을 담아도 변색되지 않으며 뚜껑을 돔 형식으로 만들어 플라스틱 용기보다 더 많은 분량을 담을 수 있다. 또 니켈 성분으로 인해 내식성·내열성이 뛰어나며 저온 강도의 기계적 성질이 양호해 오래 사용할 수 있고, 고리의 잠금 기능이 우수하며 튼 튼한 손잡이가 달려 안전하고 편리하게 이동할 수 있다.

어스템의 또 다른 장점은 젖병 생산에 사용되는 친환경 플라스틱 재 질인 트라이탄으로 뚜껑에 투시창을 설치하여 용기 내부의 음식물을 확인할 수 있는 '스마트 뷰'를 실현했다는 점이다.

이 밖에도 스크래치 없는 뛰어난 안정성과 고광택 및 내구성 구현 등의 다양한 장점을 더하여 주방 문화를 혁신했다는 평가까지 받고 있다. 이런 덕분에 홈쇼핑에서 연이은 완판 신화를 기록하며 한 해에 250만 개 이상을 판매하고, 또 전국 대형마트에도 진출하여 뜨거운 반 응을 얻고 있다.

현진은 주방용기와 더불어 이미 냉·온정수기에 들어가는 용기에 서도 두각을 나타냈다. 기존의 용접으로 이어 붙인 용기는 이음새가 부식되어 용기가 새는 등의 치명적인 단점이 있었는데, TANK 모듈과 기밀 처리 기술을 적용한 딥 드로잉 방식으로 그런 단점들을 완벽하 게 해결함으로써 기술력을 인정받은 것이다.

2003년 설립 직후 현진의 한 해 매출은 10억 원 남짓이었다. 2019년에는 146억 원까지 성장하고, 2020년에는 180억 원을 목표로 잡았는데 코로나 변수로 좀 못 미쳤다. 그런 변수들까지도 극복하고 오히려 기회로 삼을 준비를 해왔으므로 2021년에는 목표를 200억 원 이상으로 잡고, 어쩌면 더 높은 도약의 기회를 엿보고 있다. 그 기회는 해외 시장 개척과 확장에 달려 있는데, 이제부터 시작이라고 생각한다.

홍종국

이 책은 모두 Part 5 로 구성되어 있어요!

본문에 들어가기에 앞서 '들어가는 말'에서는 내가 스테인리스 제품 기술로 자리를 잡은 내력, 직장 사장님과의 인연, 현진금속을 설립하여 운영하게 된 내력을 밝혔다.

'Part 1 작은 회사가 다양성을 갖추는 비결'에서는 경영 이야기를 풀었다. 제일 잘하는 일로 시작해서 중소기업을 운영한다는 것의 어려움을 짚었다. 그리고 소비자 트렌드 파악이 성공의 열쇠라는 점, 유행보다 실속에 충실한 상생경영이 필요한 점을 제시하고, 소비자의 불만을 혁신기술로 승화해온 이야기를 풀었다.

'Part 2 성장하는 데는 노하우와 기술이 먼저다' 에서는 왜 혁신기술이 중요한지를 분석한다. 구체적으로는 소비자의 마음을 얻는 비결이 무엇인지, 스테인리스로 어떻게 시장을 개척해왔는지, 샘솟는 아이디어가 어떻게 혁신기업을 키우는지, 일상생활에서 어떻게 발명의 순간이 오는지, 왜 최고의 자산은 자긍심과 도전정신인지 하는 것들을 설명했다.

'Part 3 센스 9단의 지속성장의 힘' 에서는 경영에 대한 전반적인 것을 제시한다. 1단은 거둔 만큼 나누는 기쁨이 있다, 2단은 모든 것이 사람을 위해 존재한다, 3단은 누리고 성장하는 보람이 넘친다, 4단은 위아래가 따로 없이 소통한다, 5단은 사람을 자산이 아니라 목적으로 대한다, 6단은 오늘이야말로 최고의 자산이다, 7단은 품질이 최고의 마케팅이다, 8단은 리스크는 나눠 담을수록 좋다, 9단은 최고의 경쟁력은 혁신에서 나온다는 주제로 이야기를 풀었다.

'Part 4 업계의 롤 모델이 되어야 완주할 수 있다' 에서는 그 내면의 힘을 중심으로 기술했다. 코로나 시대에 일상을 재발견하는 것, 사소한 차이가 큰 차이를 만드는 것, 좋은 과정이 좋은 결과를 낳는 것, 현진이 만들면 뉴스가 되는 이유, 위기를 오히려 성장의 기회로 삼는 것 등을 반추하며 현진의 미래를 생각했다.

이 책은 모두 part 5 로 구성되어 있어요!

'Part 5에서는 소비자의 마음을 사로잡는 현진금속의 제품들을 소개했다. 최첨단 기능을 구현한 AI 감염 예방 시스템, 정수기 및 수도안심 물 관련 제품, 다양한 소재를 적용하여 개발한 특수 제품, 아이디어가 빛나는 '어스템' 과 생활용품들, 바이오 세라믹 코팅 주방용 조리도구, 획기적인 우산 건조기 '레인블레이드' 등 6개의 카테고리로 분류하여 소개하고 있다.

끝으로 현진금속의 성장과 현재의 모습을 정리하고, '닫는 글' 을 통해 내 인생에서 가장 소중한 어머니를 그리는 것으로 책을 맺었다.

차 례

●

Part 1
작은 회사가 다양성을 갖추는 비결

Part 2
성장하는 데는 노하우와 기술이 먼저다

Part 3
센스 9단의 지속성장의 힘

Part 4
업계의 롤 모델이 되어야 완주할 수 있다

Part 5
소비자의 마음을 사로잡는 현진금속의 제품들

작은 회사가 다양성을 갖추는 비결

기술혁신으로 역량을 키우고 정도경영으로 내실을 다진 현진금속은

이제 벤처정신을 앞세워 세계로 나아간다.

코로나 사태로 예정보다 지체되고 있긴 하지만

베트남, 우즈베키스탄, 일본, 미국 등으로의 수출이 일부 진행 중에 있고

조만간 본격화되면 현진은 글로벌 중소기업으로 거듭날 것이다.

제품의 기술력은 이미 널리 검증받았고, 문제는 마케팅인데,

현진의 벤처정신이라면 넘지 못할 산은 아니다.

제일 잘하는 것으로
최선을 다한 시작

"그냥 네가 잘하는 거 해!"

현진금속으로 사업자 등록을 낸 때는 화성스테인리스에서 이사로 있던 1997년이지만 실제로 현진금속을 설립하여 사업을 시작한 것은 2003년이다. 우여곡절이 많았다.

2002년에 중국으로 건너가 석 달간 화성스테인리스 중국 공장 이전 작업을 도와주고 돌아와 이것저것 알아보며 쉬고 있을 때 인천 연수동 청소년방범위원회 봉사활동을 했다. 그때 회원들이 식당을 해보라고 권유했다. 그래서 알아보니 내가 가진 돈으로 중간 규모의 중식당은 차릴 수 있겠다 싶었다. 그런데 막상 구체적으로 준비 작업에 들어가 보니까 장난이 아니었다. 서류 작업부터 뭐가 그리 복잡하고 힘든지, 속된 말로 돌아버리겠는 거다. 그러던 차에 앞에서 말한 '형님' 이 수렁에 빠질 뻔했던 나를 구해준 것이다.

지금 생각하면 아찔하다. 난다 하는 주방장 출신도 식당 개업해서 성공하기가 만만치 않은 현실인데 '요리의 요' 자, '식당의 식' 자도 모르는 내가 그저 주위의 말만 듣고 덜컥 식당을 하겠다고 나섰으니, 어디 가당키나 한 일인가. 이런 냉정한 현실을 그 형님이 한마디로 정리해준 것이다.

"그냥 네가 잘하는 거 해."

맞다. 내가 잘하는 거 하는 게 답인데 잠시 잊어먹은 것이다. 나는 화성스테인리스에서 일할 때부터 어느 것 하나도 대충하는 법이 없었다. 아무리 과정이 까다롭고 힘이 들어도 내가 해야 하는 일이나 회사에 도움이 되는 일이라면 끝까지 잡고 늘어졌다. 결과야 어찌 되었든 최선을 다했다. 진인사대천명盡人事待天命. 내가 좋아하는 이 말대로, 사람이 할 바는 다 해놓고 결과는 하늘에 맡기는 것이다.

사서 한 고생이 나를 성장시켰다

앞에서 '소리 나는 주전자' 가 대박이 나서 물량을 대기가 어려웠다는 얘기를 했다. 하루 생산량이 300개인데 주문량은 그 10배인 3,000개까지 밀려들었다. 대량생산이 필요했다. 그러려면 자동화 기계가 있어야 하는데, 그때 우리는 그런 기술이 없었고 일본과 대만에만 있었다. 그래서 기술자 둘을 보내 일본을 거쳐 대만까지 가서 기계를 보게 했다. 일본 기계는 좋긴 한데 1억 5,000만 원이나 해서 일단 두고 보기로 하고, 대만 기계를 봤다. 대만 기계는 4,000만 원으로, 가격은 마음에 들었지만 내가 생각하는 스타일이 아니었다. 물론 일본 기계를 들여오면 당장 편하고 좋겠지만 그건 안이한 태도다. 고생스럽더라도 더 나은 대안이 있다면 그걸 취하는 것이 마땅하다고 생각했다.

대만 기계는 유압이 아니라 에어로 작동하는 방식이라서 위험하기도 했고, 생산량이 하루 500개에 불과했다. 그래도 가격 차이가 워낙커서 그걸 들여와서는, 내가 잘 아는 기계제작사에 5,000만 원을 걸고내가 원하는 방식으로 개조해달라고 주문했다. 실패하면 계약금까지돌려준다고 할 정도로 자신 있게 말해서 믿고 일을 맡겼다. 결국 그걸두 달 만에 해냈다. 유압 방식으로 하루 1,500개를 생산하는 기계로탈바꿈시켜 일본 기계 못지않게 된 것이다. 극동유압이라는 제작사인데, 대단한 기술력이었다.

좀 부산을 떨긴 했지만 그 덕분에 자동 사출 기계 한 대를 마련하면서 6,000만 원을 절감했다. 당시 웬만한 기술자 10명의 연봉을 건진 것이니, 중소기업으로서는 제법 큰돈이다. 나는 무슨 일을 하든 이런 식이었다. 남이 보면 사서 하는 고생이다. 그 사서 하는 고생 덕분에 나는 회사에서 가장 신임 받는 직원이 된 것이고, 초고속 승진으로 최연소 이사가 된 것이다.

사서 하는 고생에는 보상이 따른다

물론 독립해서 현진금속을 설립한 이후로도 일을 대하는 나의 이런 태도에는 변함이 없다. 사서 하는 고생에는 늘 놀라운 보상이 따른다는 걸 나는 진즉에 터득했다.

나는 현진금속을 설립한 지 10년이 지난 2014년에 (주)현진금속을 설립하고, 이듬해 제2공장을 건립하면서 연구개발 전담부서를 설치했다. 2016년에는 현진금속을 (주)현진금속에 통합하고, 이듬해에는 프론티어 스타기업 및 벤처기업에 선정되었다.

2018년에는 더욱 고무적인 활동이 있었다. 전문뿌리기업 인증을 받고, 부품소재전문기업 및 기술혁신중소기업에 선정되었으며, KOTRA 무역사절단에 참가하고, G-페어 코리아 박람회에 출품했다.

이어서 2019년에는 수출 유망 중소기업 인증을 받았고, 스마트 공장 시스템을 구축하면서 기술연구소를 설립했다. 사업장을 확장하고 기술적으로도 도약한 것이다. 이듬해에는 가족 친화기업으로 선정되는 한편 코로나 사태에도 불구하고 경기도 유망 중소기업 및 GBSA 경기도 스타기업 인증을 받는 등 장인정신으로 '기술' 의 현진금속을 키워온 노력과 성과를 인정받았다.

●

중소기업을
운영한다는 것

기업 생태계의 공정성을 높여야 모두가 산다

"우리나라 대기업이 지금보다 3%만 더 풀어줘도 중소기업이 좀 살
만할 겁니다."

나는 중소기업의 기업의 활로를 묻는 질문에 이 대답을 빼놓지 않는
다. 물론 중소기업 스스로 풀어야 할 과제도 많고 정부의 역할도 중요
하다는 것쯤은 나도 잘 알고, 누구나 누누이 강조하는 사실이다. 하지
만 대기업이 중소기업을 대하는 태도, 즉 상생정신이 전체 기업의 생
태계 개선에 얼마나 중요한지, 대기업이 구체적으로 무엇을 해야 하
는지를 제시하는 경우는 드물다. 기껏해야 대기업의 횡포에 대한 일
회성 분노의 표출에 머물고 만다. 무슨 문제가 터지면 잠깐 말잔치만

풍성하지 그런 문제의식이 현실 타파나 개선까지는 좀처럼 이어지지 않는다는 얘기다.

경제 위기가 닥치면 위기를 모면하는 수단으로 기업이 받는 가장 손쉬운 결과는 경비 절감이다. 무엇보다 먼저, 경비 중에서도 인건비를 포함한 생산비를 줄이는 데 생각이 미치기 쉽다. 대개 중소기업의 생산비 절감은 정리해고를 통한 인건비 절감부터 시작되고, 대기업의 생산비 절감은 하도급 업체의 납품단가 깎아내리기부터 시작된다는 지적을 피하기 어렵다.

그래서 중소기업은 상황이 조금만 불안해져도 급격히 채산성이 나빠지고, 중소기업 직원들은 고용 불안에 노출되는 악순환이 되풀이되곤 했다. 게다가 대기업들이 창업자의 2세, 3세들 명의로 세운 계열사에 교묘하게 일감을 몰아주는 바람에 중소기업들의 설 자리마저 갈수록 줄어들고 있는 현실이다.

내 얘기는, 대기업들이 이런 바람직하지 못한 행태에서 벗어나 하도급 업체인 중소기업에 횡포 대신 응당한 대가를 지불하기만 해도, 아니 아쉬운 대로 지금보다 3%만 더 지갑을 열어도 중소기업의 숨통이 좀 트여서 전체 기업 생태계가 한층 발전해지고 활기가 넘칠 것이라는 말이다.

이는 글로벌 경제 위기가 올 때마다 우리나라 중소기업들은 초유의 어려움을 겪는 반면 대기업들의 형편은 오히려 나아지거나 적어도 현상 유지는 해온 전례를 근거로 한 생각이다. 그러니까 대기업들에게 무슨 특혜를 베풀라는 얘기가 아니라 부당하게 가져간 몫의 일부라도 자진해서 돌려주면 좋겠다는 얘기다.

노동생태계의 개선 과제는 발등의 불이다

우리나라 전체 기업 개수 중 중소기업이 차지하는 비율은 99.9%나 되고, 대기업은 0.1%에 불과하다. 기업 개수도 그렇지만 고용 담당 비중도 중소기업이 월등히 높아서 88%에 이른다. 그러나 중소기업의 영업이익률은 대기업의 절반 수준이고, 생산성은 3분의 1에 불과하다. 대기업과 중소기업 간의 불균형이 심각한 이런 구조에서는 직원들에 대한 급여와 복지 그리고 고용 안정성이 크게 차이날 수밖에 없다. 그러니 다들 대기업에만 들어가려 기를 쓰고 중소기업 입사를 꺼린다. 설령 입사하더라도 대기업으로 옮겨가기 위한 징검다리로나 여긴다.

OECD 주요국의 대기업과 중소기업의 영업이익률을 비교해 보면, 한국 중소기업이 가장 낮은 것만 봐도 우리 중소기업이 처한 현실이 얼마나 어려운지 알 수 있다. 반면에 독일은 중소기업의 영업이익률이 대기업보다 오히려 높고, 다른 선진국들도 차이가 그다지 크지 않다. 따라서 임금도 아주 큰 차이는 나지 않는다. 영국, 프랑스, 미국의 중소기업 평균임금은 대기업의 70~80%, 독일은 90%에 이르지만 우리나라 중소기업의 임금은 대기업의 50%남짓에 불과하다.

실제로 대기업들이 호황을 누리는 사이에도 하도급 중소기업들의 납품단가를 오히려 떨어뜨린 통에 중소기업의 임금이 대기업의 절반을 밑도는 40%대까지 떨어졌다. 직원 1,000명 이상의 대기업 평균임금이 100이라면, 자동차산업 하도급 중소기업의 평균임금은 62.0에서 43.0까지 떨어졌고, 전자산업 하도급 중소기업의 평균임금은 63.0에서 46.0으로 떨어졌다. 조선업은 75.0에서 50%대로 떨어졌다. 이들 업종은 고용 효과가 큰 우리나라 대표 업종이다.

그런데 하도급 단계가 1차에서 2차, 3차로 내려갈수록 중소기업 노동자들의 임금은 더욱 떨어져 3차로 가면 거의 최저임금 수준에 불과한 것으로 나타났다.

그뿐이 아니다. 대기업들은 자체 임금 부담을 줄이고 해고를 쉽게 하기 위해 사내 하도급을 확대해왔다. 일자리의 질을 다양한 수단으로 떨어뜨린 것이다. 특히 조선 업종은 지난 30년간 사내 하도급 노동자가 5배로 급증하는 등 고용 불안이 심화되었다. 쉽게 말해, 대기업 발 비정규직이 급격하게 증가해왔다는 얘기다. 그래서 지금2021년 현재은 비정규직 노동자가 전체의 36%가 넘는 740만여 명이다. 대기업 내의 정규직과 비정규직의 동일 노동 임금 차이도 대기업과 중소기업의 정규직 임금 차이만큼이나 심각한데, 1997년 IMF 사태 이후 대기업 중심으로 비정규직이 대폭 증가해왔으니, 노동 생태계가 이중으로 악화된 셈이다.

비즈니스 관계는 선의에 맡겨서는 안 된다

우리나라 중소기업의 형편이 이처럼 열악한 데는 앞에서 언급한 대로 대기업과의 부당한 관계도 크게 작용해왔다. 그래서 '3%' 얘기를 꺼냈지만 그것 말고도 다양한 이유가 있다.

역시 대기업과의 수직적 하청의 갑을 관계로 인해 대등한 교환이 이뤄지지 못한 탓에 중소기업은 자기 권리를 침해당해왔다. 우리나라 중소기업의 절반 가까이는 전속거래 형태로 사실상 대기업에 종속되어 있다. 대기업은 수출경쟁력을 높인다는 명분으로 해외에서 부품을 싸게 조달하는 한편으로 국내 중소기업에는 지나친 납품단가 인하를 요구하므로 중소기업의 영업이익률이 낮을 수밖에 없다.

다음으로 중소기업은 고용 환경이 불안정하다. 게다가 기술 개발에 필요한 투자 재원이 부족하고 독자적인 판로 확보가 어렵다. 또한 전문 인력 확보가 어렵고, 정부의 체계적인 지원이 미흡한 탓으로 대기업에 비해 생산성이 크게 떨어진다.

10명 미만 사업장의 고용 비중이 40%가 넘는 우리나라 중소기업의 가장 큰 문제점은 미숙련 노동자가 많고 고용 관계가 불안정하다는 것이다. 게다가 대기업이 일부 정규직을 제외한 기능과 역할을 비정규직에게 맡기거나 외주를 주기 때문에 중소기업의 고용 상황은 한층 더 열악해질 수밖에 없다.

앞에서 말한 대기업과의 관계 개선은 대기업의 선의에 기댈 수 있는 문제가 아니므로 실상은 정부 정책의 문제다. 중소기업의 경쟁력을 높일 수 있는 사회 시스템이 미약한 상황에서 그만큼 정부의 역할이 중요한 것이다.

독일은 중소기업에 국가 전체 R&D연구개발 자금의 40%나 지원한다. 게다가 지역 공동체와 지방정부의 지원도 충분한 덕분에 산학産學 간 교류를 통해 기술 개발 및 전문 인력 공급이 원활하게 이뤄진다. 산업별 임금 체계가 잘 갖춰져 있어서 대기업과 중소기업 간의 임금 격차가 크지 않다.

하늘은 스스로 돕는 자만 돕는다

우리나라 중소기업은 이처럼 열악한 외부 환경에 따라 크나큰 어려움을 겪지만 업종의 특성상, 그리고 내부 경영상으로도 적잖은 문제를 안고 있다.

대부분의 중소기업이 업종 특성상 원자재와 인건비 상승 등으로 중국과 인도 그리고 동남아 기업들에게 가격경쟁력에서 현저하게 밀리고 있는 실정이다. 특히 일반 생활용품은 동남아 시장에서 더욱 경쟁력이 뒤질 수밖에 없다. 뛰어난 기술력으로 차별화된 고급 제품을 개발하여 고가시장을 창출하거나 점유하지 않은 이상 답이 없게 되었다.

정부의 중소기업 지원 시스템이 아무리 잘 갖춰지더라도 기업 스스로가 '죽겠다, 죽겠다' 하고만 있으면 지원하고 싶어도 그러기가 어렵다. 손뼉도 마주쳐야 소리가 나듯 하늘도 스스로 돕는 자를 돕는다고 했다. 아니, 스스로 돕는 자만 도울 것이다. 그러니 이제 중소기업도 외부의 지원을 얻고자 하는 노력 못지않게 내부의 혁신 노력도 중요하게 되었다. 어쩌면 내부 혁신 노력이 먼저일 수도 있다. 정부 지원 프로그램이나 금융기관의 대출 및 투자 프로그램도 기업 자체의 내실과 비전에 맞춰져가고 있으니까.

서로의 강점을 살린다면 상생의 길은 있다

기업 내부의 혁신과 자강 노력은 우리 현진금속을 보면 어느 정도 답이 나온다. 우리뿐만 아니라 많은 중소기업들이 혁신적인 아이디어와 뛰어난 기술력을 갖추고 있다. 분야별로 다 전문가는 있다. 이렇게 아이디어와 기술력으로 80%는 이뤄놓았지만, 나머지 20%인 자금이 있어야 제품을 양산할 수 있다.

중소기업은 여기서 1차 난관에 봉착한다. 이 자금 문제를 풀지 못하면 결국 대기업의 하청업체 노릇밖에는 달리 길이 없다. 가령, 유통을 장악하고 있는 재벌 대기업의 상표로 OEM 생산을 해야 하는 처지가 되는 것이다. '재주는 곰이 넘고 돈은 왕서방이 버는' 구조가 되어버려서, 중소기업 대표는 함께 고생한 직원들을 제대로 대우하지 못하게 된다. 그러다가 핵심 직원들이 떠나버리고 회사가 망하는 일도 흔하다.

그러는 과정에서 중소기업이 모든 것을 걸고 개발한 핵심 기술을 대기업이 헐값에 착취하는 일도 자연스럽게 벌어진다. 더 심하게는 납품을 미끼로 세부 기술정보까지 요구한다는 언론 보도가 과장만은 아니다. 요즘은 그런 일이 전보다 크게 줄었지만 아직도 일부에서는 암암리에 행해지고 있는 것으로 안다.

다행히도 오늘날에는 뛰어난 기술력을 가진 중소기업이 제품을 양산할 수 있는 자금을 확보하는 길이 전보다는 한층 다양해지고 쉬워졌다. 정부도 그런 자금 지원에 적극적으로 나서고 있고, 금융기관들도 기술력을 담보로 하는 생산자금 대출에 적극성을 보이고 있기 때문이다. 우리 현진금속도 성장하는 과정에서 중소기업진흥공단과 신용보증기금의 결정적인 도움을 받았다. 자금 지원 여부를 심사하고 결정하는 과정이 놀랍도록 투명하고 공정해졌다. '아, 이제 우리 중소기업도 무슨 배경이나 뒷돈이 아니라 실력과 신의만 있으면 얼마든지 지원을 받을 수 있구나' 하는 믿음이 생겼다.

그러나 이런 저런 도움으로 자금을 확보하여 생산시설 구축에 성공하더라도 더 높은 2차 관문이 기다리고 있다. 이제 어느 정도 입지를 다졌다는 우리 현진금속도 겪고 있는 문제로, 바로 판매다. 전국 단위의 판매 조직은 대기업이 아니면 갖추기가 어렵다. 요즘은 온라인 판매가 대세니까 문제될 게 없겠다 할 수도 있지만, 중소기업으로서는 전국적인 주문 배송을 감당하긴 쉽지 않다. 게다가 홍보 마케팅을 효과적으로 펼칠 노하우나 자금력은 더욱 큰 산이다.

무엇보다 이런 판매까지 독자적으로 감당하느라 무리하게 되면 총체적으로 과부하가 걸려 중소기업의 강점인 기술개발에도 소홀하게 되고 채산성도 떨어져 결국 파산의 길로 가는 것이다.

그러므로 대기업과 중소기업이 서로의 강점을 살려 상생하는 것이야말로 최선의 길이 아닐까 싶다. 대기업도 중소기업의 기술을 뺏을 궁리나 할 게 아니라 자신의 강점을 살려 판매를 대행한다면 서로 좋겠다. 저마다 특화된 기술을 가진 중소기업들이 만들어내는 경쟁력 있는 제품을 이미 글로벌 유통망과 마케팅 노하우를 가진 대기업이 판매한다면 서로 리스크는 절반으로 줄이고 시너지는 갑절로 키우는 윈-윈 효과를 거둘 것이다.

소비자 **트렌드 파악**이
성공의 **열쇠**

트렌드는 천재 아니면 우연이 만들어낸다

영어로 '트렌드, 트렌드' 하니까 거창할 것 같지만 실은 알고 보면 별거 아닌 것 같다. 우리가 일상에서 즐겨 듣고 부르는 유행가가 바로 가장 대표적인 트렌드의 상징이다. 시대에 따라 전혀 새로운 트렌드가 나타나지만 예전에 유행했던 트렌드가 세월을 뛰어넘어 다시 유행하는 복고 바람이 불기도 한다. 요즘 유행 열풍을 일으키고 있는 트로트라는 것도 실은 1930년대에 처음 크게 유행했다가 해방 후에 시들해지는가 싶더니 1960년대에 이미자의 등장을 계기로 다시 크게 유행한다. 트로트가 1930년대와 1960대 한국 가요계의 트렌드를 이룬 것이다. 그 역사를 찬찬히 들여다보면 다 그럴 만한 이유가 있고 사연이 있을 것이다.

유행가만 봐도 예전에는 한번 트렌드를 이루면 적어도 10년씩은 갔다. 개별 가수만 봐도 정상에 올라 트렌드를 이루면 적어도 10년은 가서 한 시대를 풍미했다고 한다. 그래서 강산이 변하는 데도 10년은 걸렸다.

오늘날은 어떤가? 자고 일어나면 강산이 변하는 마당에 10년 가는 트렌드가 어디 있을까. 트로트가 다시 유행한 1960년대 이후 50년이나 지난 지난해 한 방송사의 오디션 프로그램을 계기로 새삼 열풍을 일으킨 트로트는 또 하나의 트렌드가 되었지만 아마도 2~3년쯤이면 시들해질 것이다. 그만큼 변화가 빠른 시대다.

김난도 서울대 교수 팀이 2009년부터 해마다 《트렌드 코리아》시리즈를 발간하고 있는데, 주요 트렌트가 해마다 바뀌는 것만 봐도 세상이 얼마나 빠르게 변화하는지 알 수 있다. 그런데 이 시리즈를 보고 있자면, 트렌드는 두 가지 트랙에서 창출된다. 하나는 과학기술의 발전에 따른 새로운 트렌드의 출현인데, 그 안에는 어떤 천재나 호기심 많은 혁신가가 그런 발전을 내다보고 트렌드를 만들어내는 것도 포함된다. 다른 하나는 예기치 못한 사건이나 천재지변의 영향으로 예상치 못한 트렌드가 형성되는 것이다.

트렌드를 만들어내는 것. 쉽지는 않겠지만 어떤 대가를 치르고라도 도전해볼 만큼 매력적이지 않겠는가. 이런 경험과 능력이 쌓인다면, 또 예기치 못하게 닥친 트렌드의 변화에도 잘 적응할 수 있을 것이다.

소비자의 트렌드 파악이 혁신기술을 낳는다

우리 현진금속은 이미 와버린 트렌드에 끌려가는 기업이 아니라 앞을 내다보고 트렌드를 선도적으로 만들어내는 기업이 되고자 치열하게 노력해왔다.

이처럼 트렌드를 이루는 제품은 소비자에게 좋은 제품일 수밖에 없다. 더 없이 좋은 제품이니까 트렌드를 이루는 것이기도 하다.

나는 첫 직업생활에서부터 '트렌드를 낳는 기술'을 개발하고 '소비자에게 좋은 제품'을 만드는 데서 오는 짜릿한 기쁨을 온몸으로 느껴서인지 쭉 그런 생각으로 일해왔고, 현진금속을 창업한 이후에도 "트렌드를 낳는 기술, 소비자에게 좋은 제품"을 회사의 모토로 삼아 실천하기에 여념이 없었다.

유행보다 **실속**에 **충실**한
상생경영

정도경영으로 내실을 다진다

정도正道란 바른 길이고, 정도를 걷는다는 건 얄팍한 꼼수나 사특한 술수를 부리지 않고 정정당당하게 행동하거나 승부한다는 것이다. 정도경영은 그런 정도의 태도로 경영을 하는 것이다. 개별 인간의 내면을 채우는 데는 정도의 삶만 한 것이 없고, 기업의 내실을 다지는 데는 정도경영만 한 것이 없다고 한다. 해보니 사실 그렇다.

정도경영 하면, 내가 경영자로서 존경하는 인물이 있다. '경영의 신'으로까지 불리는 마쓰시타전기의 창립자 마쓰시타 고노스케다. 그는 이윤 창출을 위해서라면 무슨 일이든 서슴지 않고 한다는 자본지상주의 논리를 배격하고 사장과 직원 그리고 소비자 모두를 행복하게 하는 것이야말로 진정한 기업가 정신이라고 주장하고, 그걸 실천했다.

1894년에 태어난 마쓰시타는 어렸을 때 아버지의 사업 실패로 집이 가난해지자 소학교를 중퇴하고 열 살도 안 되어 오사카로 가서 점원으로 일했다. 그러다 1910년 오사카 전등회사의 견습공이 되면서 전기를 배웠다. 전기 관련 기술자로 경험을 쌓은 그는 제1차 세계대전이 한창이던 1917년에 쌍소켓 개량에 착수하고, 이듬해 마쓰시타 전기기구 제작소를 차렸다.

"물건을 만들기 전에 사람을 만든다."

이때부터 시작된 그의 기업 철학이다. 그는 사람들에게 필요한 것이 무엇일지 생각하고 새로운 제품을 창안했다. 쌍소켓 개량에 이어 자전거용 전등을 개발하여 자리를 잡은 마쓰시타 전기는 1931년 보급형 라디오를 개발하여 대량 생산하면서 종합전자제품 기업으로 비약했다.

마쓰시타는 아무리 어려운 상황이 닥쳐도 정도경영을 지켰고, 함께 고생한 직원들과 끝까지 함께했다. 다시 말하면 정도경영 덕분에 어떤 어려움도 직원들과 함께 이겨낼 수 있었다. 일본 기업의 종신고용 개념도 여기서 비롯한 것이다. 제2차 세계대전으로 인해 일본 정부는 긴축 재정에 들어가고, 거의 모든 기업이 불황 타개책으로 직원을 감축했지만 마쓰시타만은 달랐다. 상생의 길을 제시한 것이다.

"지금부터 생산량을 줄여 과잉 재고와 자금 부족을 해소하겠습니다. 직원은 한 명도 감축하지 않고, 월급도 그대로 지급합니다. 그 대신 모두 휴일에 재고품 판매에 힘써주기 바랍니다."

지금이야 노동권이 강화되어서 함부로 해고할 수 없지만, 그땐 노동자를 거의 기계부품처럼 부리다가 마음대로 해고해도 별 제약이 없었다. 게다가 전시戰時여서 집단 논리가 개인의 권리를 압도했다. 이런 분위기에서 "사람이 먼저"라고 외치고, 그런 철학으로 기업을 경영했으니 별난 사람이긴 하다.

전후에 일본을 접수한 미군정은 군수품을 생산한 이력을 들어 마쓰시타 전기를 재벌로 지정하고 마쓰시타를 사장 자리에서 사퇴시켰다. 하지만 노조의 강력한 항의로 다시 복직시킨다. 그가 어떤 경영자였는지를 여실히 보여주는 일화다.

1973년 경영 일선에서 물러난 이후 마쓰시타는 PHP연구소를 통해 자신의 경영철학을 널리 알리는 한편 마쓰시타 정경의숙松下政經義塾을 설립하여 인재를 양성하느라 남은 인생, 남은 재산을 다 쏟아붓는다. 그가 이상으로 삼은 PHPPeace and Happiness Through Prosperity, 번영을 통한 평화와 행복를 실현하기 위해 마지막 불꽃을 태운 것이다.

우리나라에서는 LG그룹이 2003년에 처음으로 '정도경영'을 공식 천명했다. 그 실천 여부야 논란이 있겠지만 그 선언 자체의 의미가 주는 무게는 적지 않았다. 당시 LG는 경영 이념인 '고객을 위한 가치 창조'와 '인간존중의 경영'을 정도경영으로 이루겠다는 비전을 제시한 것이다.

우리 현진금속이 추구하는 정도경영은 내실을 다지기 위한 비전이다. 정도경영의 바탕은 신뢰이고, 또 신뢰는 정도경영으로 더욱 두터워진다. 경영자가 직원들의 신뢰를 사려면 무엇보다 회사의 회계가 투명해야 한다. 우리가 일하는 회사가 얼마의 매출을 올려 얼마의 이익을 내는지, 지난해나 지난달에 비해 이번 달은 실적이 얼마나 좋아졌는지, 우리가 만들어내는 제품의 시장 전망은 어떤지, 우리가 일하는 만큼 대우를 받고 있는지, 사장이 허튼 돈을 쓰지는 않는지 하는 것들을 직원이면 누구나 알 수 있도록 공개하는 것이 바로 투명한 경영 아닐까. 그래서 현진은 매월 결산 회계를 모든 직원에게 공개한다. 또 궁금한 것은 뭐든 묻고 답변을 들을 수 있다.

또 매주 화요일에는 직원 모두가 참여하는 열린 토론이 벌어진다. 여기서는 어떤 안건이나 의견도 자유롭게 제시되고 반박과 재반박이 춤을 춘다. 이런 가운데 직원들은 회사에 관한 정보를 충분히 알게 되고, 대표를 포함한 경영진은 직원들의 바람과 애로사항을 알게 되는 것이다. 물론 이 자리에서는 제품에 관한 아이디어와 업무에 관한 개선점도 제안된다. 제안으로만 끝나는 게 아니라 호응이 좋은 안건은 검증을 거쳐 채택, 시행되고 제안자는 어떤 형태로든 보상을 받는다.

현진금속은 비록 중소기업이지만 여력이 닿은 한 최대한으로 직원 복지를 위해 노력하고 있다. 직원들의 처우는 생산성과도 직결되는 문제지만 그 이전에 함께 고생하는 직원들이 조금이라도 더 행복해지면 대표인 나도 그만큼 행복해지니까.

우리 직원이 80여 명 되는데, 외국인 직원은 물론이고 승용차가 없거나 집이 멀어서 출퇴근하기가 어려운 직원이 적잖다. 우리 공장이 들어선 화성 전곡산업단지가 전철도 버스도 안 다니는 외진 데 있어서 그렇다. 그래서 공장 내에 기숙사를 마련했다. 물론 직원 식당도 있다. 외국인 직원 전원을 포함한 절반 가까운 직원이 기숙사에서 생활하는데, 다들 좋아한다. 2인 1실을 쓰는데, 생활에 불편이 없도록 나름 신경을 쓰고 있다. 나중에 회사가 더 커지고 여력이 더 생겨서 직원 아파트를 지어 가족이 함께 살 수 있도록 한다면 더할 나위 없을 것이다.

상생경영으로 공존한다

코로나19의 대유행이라는 재난이 장기화되면서 '각자도생咎自圖生은 공멸'이라는 인식이 확산되고 상생相生의 가치가 새삼 대접받고 있다고 생각한다. 사실 이런 재난이 아니라도 기업에서는, 특히 중소기업에서는 경영자와 직원 간에 상생의 정신과 실천이 없으면 번영은 고사하고 생존조차 어렵다.

중소기업 경영자는 어렵게 된 원인을 대개 자기 밖에서 찾기 쉽다. 대기업의 횡포에 당했다느니, 일해주고 돈을 못 받았다느니, 정부 정책이 잘못되었다느니, 운이 나빴다느니, 직원들이 파업을 하거나 일을 잘못해서 그랬다느니, 하고 말이다. 물론 그런 외부 원인도 작용했을 것이다. 그러나 정작 결정적인 원인은 경영자 자신에게 있다고 본다. 경영을 잘못했거나 경영 마인드가 잘못되었거나 하는 것이 일차적이고도 최종적인 원인일 수밖에 없다. 외부에서 가해질 부정적인 원인에 미리 대비하고, 이미 닥쳤다면 꿋꿋하게 헤쳐가는 것도 경영자가 할 일이고, 그것이 바로 경영 능력 아닐까.

그렇다면 그런 경영 능력은 어디서 오는 걸까? 그 힘은 바로 직원한테서 나온다. 경영자가 아무리 잘나본들 직원과 함께하지 않으면 그 경영은 성공하기 어렵다. 혹시 신이라면 모를까. 결국은 직원을 위하고 우러러봐야 회사가 잘 되고, 바로 그것이 상생하는 길이라는 건 나의 변함없는 신념이자 우리 현진의 창업정신이다.

물론 그걸 말로만 해서는 안 된다. 무엇보다 중요한 것은 노사 간의 신뢰 관계다. 그 신뢰 관계가 무너지면 백약이 무효다. 신뢰를 쌓는 첫

단추는 회사의 모든 정보를 공유하는 것이다. 투명한 경영을 말한다.

우리 현진에서는 채용에서든 인사에서든 급여에서든 어떤 차별도 없다. 여성이라고 해서 차별받는 일도, 외국인이라고 해서 차별받는 일도 없다. 누구나 동등하게 신의와 업무능력 그리고 공헌도로만 평가받고 대우받는다. 중소기업으로서는 드물게 일찍이 여성 부장도 나왔고, 외국인 직원들도 커리어가 쌓이고 능력이 되면 반장도 되고 팀장도 된다.

그래서 외국인 직원들은 한번 들어오면 다른 데로 옮겨가는 일이 없다. 오히려 가까운 친구를 데려와서 적극 추천한다. '나, 한국에서 이런 회사 다닌다'고 자랑한다고 한다. 회사도 무슨 죄를 짓거나 근무에 태만하지 않는 이상 직원을 함부로 해고하는 일이 없다.

더구나 해마다 결산을 해서 실적이 초과 달성되면 그 잉여금을 회사 통장에 쌓아놓지 않고 우선 회사 빚을 갚는 한편 직원들 월급 올려주고 복지 늘리는 데 써왔다. 반면에 실적이 부진할 때도 그것을 이유로 월급을 깎거나 복지를 거둬들이는 일은 없었다. 어려우면 어려운 대로 경영자가 감당하고 책임져야 한다는 생각이다. 최선을 다한 끝에도 막다른 순간이 오면 다 터놓고 도움을 요청해야 하겠지만 말이다.

지난여름에 코로나 사태로 매출이 적잖이 감소하는 등 조짐이 심상치 않아서 대책 마련에 고심하고 있는데, 중견 직원 다섯이 나를 찾아와서 위기를 넘길 때까지 월급의 20%를 내놓겠다고 했다. 아직은 버틸 만하다고 만류했지만 기어코 제안을 받아들이라는 것이다. 그래서 절충을 했다. 10%만 받아들이기로.

이런 게 바로 상생이다. 가는 정이 있으니 오는 정이 생기는 것이다. 이 회사는 대표 것만이 아니라 우리 모두의 것이므로 우리 모두 힘을 모아 살려야 한다는 그런 마음이 어디서부터 생기겠는가? 믿음이다. 회사가 잘 되면 내게도 좋은 일이 생긴다는 믿음, 서로에 대한 변함없는 믿음 말이다.

오늘도 현진은 상생경영으로 공존하는 길을 가고 있고, 그 길을 넓혀가는 중이다.

●

소비자의 **불만**을
혁신기술로 승화

기술혁신으로 진보 한다

오늘날의 현진금속은 모든 직원의 '기술'로 먹고 살아온 역사가 쌓여 이룬 회사다. 30년 노하우가 지탱하고 있다. 2019년에 받은 '기술혁신기업' 대상도 자나 깨나 기술혁신에 매진해온 노력을 인정받은 결과다.

나는 기술자로 첫 직업생활을 할 때부터 기술혁신에 매달려왔다. 새로운 아이디어와 새로운 기술에 관한 일이라면 만족하는 법이 없었다. 무엇을 보든 늘 뜯어보고 부숴보고 맞춰보면서 '어떻게 하면 더 좋게 만들까' 궁리했다. 그 덕분에 누구보다 승진도 빨리 했고, 창업해서도 비교적 빠른 기간에 자리를 잡을 수 있었다.

그런데 기술혁신이라는 게 혼자서는 좀처럼 실현하기 어려운 일이다. 결국 사람이 중요하다. 기술자를 존중하고 잘 대우하면서 함께해야 가능한 일이다.

벤처정신으로 세계로 뻗는다

앞에서 말한 기술혁신은 벤처정신 없이는 이룰 수 없는 과제다. 기술 개발에는 많은 비용이 들어가기 때문이다. 그만큼 리스크도 따른다. 당장의 매출로 이어지지는 않으면서 적잖은 비용을 잡아먹지만 그렇다고 성공한다는 보장이 없기 때문이다. 그래서 기업에는 규모와 필요에 맞춰 연구개발비가 책정되어 있다.

우리 현진금속은 중소기업 치고는 연구개발에 투자를 많이 하는 셈이다. 그래서 기술혁신기업으로 선정되기도 했지만 거기에 우리의 생존을 넘어선 도약의 비전이 걸려 있기 때문에 모험을 감수할 수밖에 없는 것이다.

벤처정신으로 세계로 뻗는다고 했는데, 기술혁신에 대한 투자도 벤처정신이 있어야 하는 것이고 세계시장 진출도 벤처정신이 있어야 하는 것이다. 무엇이든 확장과 비상에는 리스크가 따르게 마련이지만 그만큼 기회도 크기 때문에 감수하는 거 아니겠는가. 사실 개인도 그렇지만 특히 기업은 자기 혁신을 멈추는 순간 퇴보하여 결국 가장 위험한 처지로 내몰리는 거 아닐까. 리스크를 안지 않겠다고 몸을 사리는 것이 오히려 돌이킬 수 없는 리스크의 함정에 빠지는 것이다. 그래서 기업의 벤처정신은 선택이 아니라 필수라는 생각이 든다.

미국의 경제전문지 〈포브스〉가 해마다 선정하는 '글로벌 100대 기업'의 변화를 보면 왜 벤처정신이 필요한지 분명하게 드러난다. 리먼브라더스라는 금융회사가 파산하기 전인 2007년에 글로벌 100대 기업에 이름을 올린 기업 중 절반이 넘는 60여 기업이, 겨우 10여 년이 지난 오늘날 100대 기업에서 사라졌고 그 빈자리를 혁신기업들이 메웠다. 사정이 이러니, 혁신하기 싫다고 안 하는 것은 기업하기 싫다는 것이나 마찬가지라는 것이다. 고전古典이라면 고리타분하게 생각될 수도 있지만 달리 보면 시대를 초월하여 감동과 배움을 주는 보편성을 담고 있다는 얘기도 되겠다. 내가 일찍이 재미있게 본 고전 중 하나가 명나라 때 오승은이 쓴 《서유기西遊記》다. 중국 TV 드라마로도 나와 재밌게 봤는데, 만화도 재밌다. 작품도 작품이지만 여기 나오는 손오공이라는 캐릭터에 매료된 것이다.

손오공은 재주가 많지만 무엇보다 호기심 대장이고 모방의 귀재라는 점에서 나의 흥미를 끌었다. 내가 보기엔 벤처정신의 화신이었다. 등장부터 요란하다. 감히 불사신을 꿈꾸어 태상노군의 단약丹藥과 서왕모의 반도蟠桃를 훔쳐 먹다니, 배짱도 보통이 아니다. 모험도 배짱이 있어야 하는 것이다. 태상노군太上老君은 신선이 된 노자老子를 말하고, 서왕모西王母는 불사不死의 신이자 모든 신들의 어머니로 반도원의 주인이다. 반도는 하나를 먹으면 1만 8,000년을 무병장수한다는 신령스런 복숭아다.

부처님에게 잡혀 500년을 갇혀 있다가 삼장법사에게 구출되어 떠나는 구법求法의 길은 멀고도 험하여 일행의 목숨이 위태로운 지경에 빠진 적이 한두 번이 아닌데, 손오공은 그때마다 무려 72가지 모습으로 변신하는 둔갑술遁甲術로 위기를 헤쳐나간다. 손오공의 둔갑술은 현실적 한계를 극복하는 가장 강력한 무기가 되는데, 이를 기업 활동으로 치면 벤처정신에 의한 혁신이라고 할 수 있다. 또 둔갑술은 하나의 모방인데, 이 모방이 창조를 낳는다. 모방 없는 창조가 어디 있겠는가.

기술혁신으로 역량을 키우고 정도경영으로 내실을 다진 현진금속은 이제 벤처정신을 앞세워 세계로 나아간다. 코로나 사태로 예정보다 지체되고 있긴 하지만 베트남, 우즈베키스탄, 일본, 미국 등으로의 수출이 일부 진행 중에 있고 조만간 본격화되면 현진은 글로벌 중소기업으로 거듭날 것이다. 제품의 기술력은 이미 널리 검증받았고, 문제는 마케팅인데, 현진의 벤처정신이라면 넘지 못할 산은 아니다.

성장하는 데는
노하우와 기술이 먼저다

현진금속이 강소기업으로 가고 있다는 것은
무엇보다 최신의 다양한 가공설비와 생산설비를 갖추고
까다로운 특수제품까지 소화하고 있고,
주요 소재인 스테인리스 외에도 철, 특수합금, 알루미늄 등의
소재까지 확대하여 적용함으로써 토털 금속 기술 기업을
추구하고 있다는 것이다.
현진도 스테인리스를 넘어 종합금속업계의
작은 거인이 되고자 한다.

소비자의 마음을
얻는 비결

쓰는 사람의 마음을 알아야 명품이 나온다

　제아무리 혁신적인 기술로 만든 뛰어난 제품이라도 소비자가 외면하면 무슨 의미가 있을까. 하릴없이 세월에 묻혀 먼지만 쌓이다가 골동품이 되거나 쓰레기장을 거쳐 재활의 용광로에 녹여지는 수밖에 다른 도리가 없을 것이다.

　그러니 모든 제품의 기능은 소비자의 필요와 맞아떨어져야 하고, 디자인은 소비자의 마음에 쏙 들어야 한다. 그렇다면 새로운 기술을 개발하고 멋진 디자인을 고안하기 전에 소비자의 마음부터 헤아리는 연구가 앞서야 하지 않을까 싶다. 다시 말해, 그 어떤 새로운 기술이나 뛰어난 디자인도 소비자의 필요와 호감에서 출발해야 가치가 있고 의

미가 있다는 것이다.

먼저 소비자를 알아보는 분석을 무시하면 우리는 자아도취에 빠져 엉뚱한 기술을 개발하느라 세월을 낭비하고, 새로운 감각의 제품을 영영 창출하지 못하게 될 것이다.

그릇은 크기에 따라 쓰임이 다르다

좋은 정치를 하려면 먼저 국민의 실상과 마음을 먼저 헤아려야 한다. 그 좋은 사례를 중국의 고사에서 찾아볼 수 있다. 흔히 공손교公孫僑로 불리는 자산子産은 춘추시대 정鄭나라의 명재상으로 천하에 이름을 날린 사람이다. 우리로 치면 고구려의 명재상 을파소와 같은 인물이다. 사마천은 《사기열전》에 그의 행적을 이렇게 기록한다.

"자산이 재상이 되고 1년 후에는 어린이들은 못된 장난을 하지 않았다. 또 한창때인 장년은 일에 열중하였으므로 노인이나 아이들은 중노동을 하지 않고도 살아갈 수 있었다. 2년 후에는 외상으로 물건을 파는 사람이 없어졌다. 3년 후에는 밤이 되어도 문단속을 하는 집이 없어졌으며, 또 분실물을 줍는 법이 없었다. 4년 후에는 농민이 농기구를 논밭에 둔 채로 집에 돌아오는 것이었다. 5년 후에는 사족은 군

역에서 해방되고 또 복상服喪의 기간은 어김없이 지키게 되었다. 자산이 병들어 죽자, 정나라 백성들이 소리 내어 울었다."

《맹자》에는 자산이 길을 가다 강을 못 건너고 있는 사람들을 보고 안타까운 마음이 들어 자신이 타고 있던 수레로 백성들이 강을 건너게 하는 일화가 나온다. 이 일화로 보면 자산이 재상이라는 고귀한 신분임에도 불구하고 백성을 위하는 마음이 참으로 훌륭하다는 생각이 든다. 자산은 공자조차도 "몸소 행하면서 공손했고, 윗사람을 섬기면서도 공경스러웠고, 백성을 양육하면서 은혜로웠고, 백성을 부리면서 의로웠다" 며 이상적인 군자로 칭송해 마지않았지만 맹자는 오히려 "정치하는 법을 모르는 재상" 이라고 신랄하게 혹평을 한다.

왜 그랬을까?《맹자》에 나오는 이야기를 들어보자.

자산이 정나라에서 정치를 할 때 자기의 수레를 갖고 진수와 유수에서 사람들을 건네게 해줬는데, 맹자께서 말씀하셨다.

"은혜롭기는 하나 정치하는 법을 알지 못하였도다. 해가 11월이 될 때 도강이 만들어지고 12월이 될 때 여량이 만들어지면 백성들은 건너는 것을 고통스러워하지 않을 것이다. 군자가 정치를 제대로 한다면 길을 갈 때에 사람을 물리치는 것이 가하니, 어찌 사람들을 일일이 만나 건네주겠는가? 고로 정치를 하는 사람이 각각의 사람들을 기쁘

게 해주려면 매일 매일이 부족할 것이다."

여기서 도강渡江은 임시로 놓는 작은 다리를 말하고, 여량輿梁은
정식으로 놓는 큰 다리를 말한다. 그러니까 급한 대로 먼저 신속하
게 임시다리를 놓아 눈앞의 불편을 덜고, 이윽고 튼튼한 큰 다리를
놓아 어떤 홍수에도 불편을 겪지 않도록 문제를 근본적으로 해결하
라는 것이다.

백성들 한 사람 한 사람을 수레로 강을 건너게 하느라 시간과 마음
을 쓰는 것보다는 모두가 언제든 걸어서 건널 수 있는 다리를 놓아주
는 것이 무릇 정치가 해야 할 일이라는 것이 맹자의 생각이다. 그것이
바로 백성들이 진정으로 원하는 바일 테니까. 어찌하여 명재상이라는
사람이 백성들의 그런 단순한 마음조차 모르느냐는 신랄한 비판이다.

맹자는 '무릇 나라를 경영하는 사람이라면 그저 선행을 하는 것이
백성이 바라는 정치가 아니라는 것쯤은 알아야 한다' 고 가르친다.
'정치하는 법을 깨닫고 나라를 화평하게 하는 정치를 한다면, 큰 길을
갈 때 길 가는 사람들을 물리쳐도 좋다' 는 가르침이다.

맹자의 가르침은 단순하면서도 큰 깨달음을 준다. 개개인의 문제에
일일이 마음을 써서 전심을 다한다 해도 문제의 근본을 해결하지 못
한다면, 아무리 훌륭한 도덕군자일지언정 국가를 경영하는 리더로는

지격미달이라는 것이다.

한 마을의 이장이나 유지라면 홍수 때 수레로 마을사람들을 건네준 다면 칭송받을 일이 되겠지만 일국의 국무총리가 한가하게 수레로 사람들을 건네주기나 하면서 다리 놓을 일을 생각지 않는다면 자기 직분을 망각한 엉터리라는 통렬한 일침이다.

기업 경영에서 다리를 놓는 일은 뭘까

기업을 경영하는 리더도 다를 바 없을 것이다. 당장 발등의 불을 끄는 일에만 매달려 한치 앞을 내다보지 못한다면 경영상의 문제를 근본적으로 해결할 비전과 전략을 가질 리 만무하다. 물론 발등의 불은 당장 꺼야 하겠지만 고개를 들어 더 멀리 봐야 할 필요가 있다. 경영자의 관심과 생각은 급한 문제에서 나아가 중요한 문제를 근본적으로 해결하는 데까지 미쳐야 한다는 것이다. 그 출발은 기업 경영자라면 소비자의 마음을 헤아리는 데서부터이고, 국가 경영자라면 국민의 마음을 헤아리는 데서부터여야 할 것이다.

우리 현진금속도 수레로 사람들을 우선 주기에만 바빠 다리를 놓을 생각을 못했다면 오늘날의 성장은 없었을 것이다. 회사의 이익을 모두 기울여 직원 복지에 투자하고, 기술 개발에 투자하고, 스마트 공장 구축에 투자한 것도 다 다리를 놓는 일에 다름 아니다.

그리고 여기에 더해 현진이 만드는 제품의 브랜드 가치를 높이고, 현지 기업과의 합작 투자를 통해 해외에 진출하는 것도 큰 다리를 놓는 일이다.

이제 우리 현진은 소비자의 마음을 업고 그동안 놓아온 다리를 건너 글로벌 강소기업으로 발돋움하려 한다. 이런 비전의 성패를 가르는 가장 중요한 요소는 처음에 가졌던 그 마음, 즉 제일 먼저 소비자를 생각해온 초심을 잃지 않는 것이다.

스테인리스로
개척한 시장

길고 짧은 것은 대봐야 안다

작은 거인, 하니까 맨 먼저 생각나는 사람이 구약성서의 '다윗과 골리앗'에 나오는 다윗이다. 감히 넘볼 수 없을 만큼 크고 강한 골리앗을 쓰러뜨린 앳된 소년 다윗이야말로 작은 거인의 상징이지 싶다.

1992년 바르셀로나 올림픽 역도 경기에서 한국 선수로는 처음으로 "세계를 들어 올린" 작은 거인 전병관 선수가 생각난다. 당시 올림픽에 출전한 역도 선수 가운데 아마도 키가 가장 작았을 것이다. 그런 선수가 자기 몸무게52kg급의 3배나 되는 바벨을 번쩍 번쩍 들어올리니, '작은 거인'으로 불린 것이다. 그는 세계 역도에서 10년간 자기 체급의 지배자였다. 대단했다.

기업계에서는 대기업이라는 골리앗의 그늘에도 시들지 않고 꿋꿋하게 살아남아 자기 색깔로 성장해가는 강소기업을 작은 거인이라고 할 수 있지 않을까 싶다.

월스트리트에서 '소형주 투자의 개척자'로 이름을 날린 랄프 웬저는 《작지만 강한 기업에 투자하라》에서 리스크를 낮추면서 수익률을 높이는 비결로 강소기업 투자를 내세운다. 그가 말하는 강소기업은 작지만 창조적 사고를 자산으로 꾸준히 성장하는 혁신기업이다. 이런 기업의 현재 주가가 합리적일 때 그 주식을 매수하면 안정적이면서도 큰 수익률을 거둘 수 있다는 것이고, 실제로 그는 그런 투자로 크게 성공함으로써 투자계의 새로운 별이 된 것이다.

미국에서 유일하게 전국지로 발간되는 〈USA투데이〉에서 월스트리트의 포트폴리오 매니저를 대상으로 실시한 '내 자산관리를 맡기고 싶은 펀드매니저' 조사에서 웬저가 워렌 버핏을 제치고 1위를 차지했다니, 대단하다. 워렌 버핏을 넘어선 웬저도 작은 거인이라고 할 수 있다. 이런 명성의 정점에 섰던 2003년에 공식으로 은퇴할 때까지 오로지 성장성을 갖춘 혁신기업을 발굴하는 데 전념한 웬저의 투자 철학과 소신은 우리 같은 중소기업에는 큰 용기를 준다.

스테인리스가 각광받는 이유

이번 장의 제목이 '스테인리스로 개척한 시장' 인데, 그럼 스테인리스stainless란 뭘까? 말 그대로 "녹슬거나 얼룩지지 않은" 이라는 뜻이다. 일반 쇠철는 녹이 스는 단점이 있다. 우리가 흔히 부르는 '스테인리스'는 스테인리스 스틸stainless steel, 즉 '스테인리스강' 이 정확한 표현이다. 스테인리스는 강철을 주재료로 여기에 탄소, 크롬, 망간 또는 니켈을 합금하여 만드는 계통이 주를 이룬다. 하지만 이것은 주요 방식의 하나일 뿐, 합금 종류와 비율에 따라 150가지 등급이나 된다니까 스테인리스의 세계는 무궁무진하다.

스테인리스 주전자를 하나 샀는데 상표나 제조표식에 '18-8 STAINLESS STEEL' 이라고 적혀 있다면, 18%의 크롬과 8%의 니켈이 합금된 스테인리스강으로 만든 주전자라는 뜻이다. 전체 스테인리스강의 70%를 차지하는 오스테나이트 계열로, 주방용품에 적합한 소재의 제품이다.

그런데 우리 생활에서 알루미늄도 스테인리스만큼이나 친숙하다. 그럼 알루미늄은 스테인리스와는 어떻게 다를까? 이 둘을 두고 그게 그거 아니냐고 하는 사람도 있을 법한데, 아주 잘못 알고 있는 것이다.

우리가 흔히 "라면은 양은냄비에 끓여 먹어야 제 맛" 이라고 하는데,

그 양은냄비라는 게 사실 '양은'이 아니라 바로 '알루미늄' 제품이다. 그러니까 실상은 양은냄비가 아니라 알루미늄냄비라고 해야 맞다. 라면뿐 아니라 김치찌개도 그런 양은냄비에 즐겨 끓여 먹고 있다. 대부분의 식당에서도 양은냄비에 라면이나 찌개를 끓여준다.

알루미늄 합금은 전성과 연성이 좋아서 건축용 재료로 많이 사용되는데, 내구성은 강하지만 산성에 취약한 단점이 있다. 수돗물 소독에 사용되는 염소는 수돗물과 만나 염소산을 만드는데, 알루미늄은 그 산에 쉽게 부식된다. 앞에서 실상은 알루미늄냄비인 양은냄비를 예로 들었다. 거기에 찌개나 라면을 끓이는 과정에서 알루미늄 분말이 나오는데 그걸 과다섭취하게 되면 두통, 빈혈, 기관지 천식, 식욕부진, 호흡곤란 등과 같은 질병에 걸릴 수 있다고 한다.

그러니 알루미늄은 산이나 열에 노출되는 제품에는 적합하지 않은 소재다. 특히 수도 관련 제품이나 주방용품 같은 것에는 사용해서는 안 될 것이다.

반면에 내식성과 내산성 그리고 방수성이 매우 강해서 내구성이 뛰어난 스테인리스는 다양한 용도로 쓰이는데, 특히 인체에 직접 영향을 미치는 주방용품에 가장 많이 쓰이고 있다. 스테인리스강은 겉만 스테인리스로 감싼 코팅 강철이 아니라 스테인리스가 강철에 온전히 합금된 소재로 반영구적인데다가 환경호르몬이 발생하지 않는다. 다른 소재보다 가격이 좀 비싼 게 흠이긴 하지만, 내구성과 인체에 무해한 특성을 고려하면 실제로는 더 싸다고 할 수 있다. 이런 여러 조건을 생각하면 스테인리스만 한 소재도 없다.

우리는 강소기업으로 가고 있다

그래서 우리 현진금속은 처음부터 스테인리스 제품으로 시작했고, 스테인리스 제품의 작은 거인이 되고자 온 힘을 기울여 왔다.

현진금속이 추구하는 기업의 모습도 "스테인리스 통합 솔루션 모듈화 기술 선도 기업"이다. 모듈화modularization란, 여러 부품이나 기능의 경계선을 없애고 하나로 융합시켜 중복된 낭비를 제거하는 것을 말한다. 현진의 대표적인 모듈화 제품은 다양한 종류의 '온수 탱크 어셈블리'다.

이런 현진의 이상을 구현하기 위해 4가지 비전을 하나의 고리로 연결하여 실천 과제로 삼아 실천하고자 애쓰고 있다.

첫째는 도전Challenge으로, 끊임없는 개발과 혁신을 말하고, 둘째는 기술Technology로, 독창적인 기술개발 구현을 말한다. 셋째는 사람People으로, 사람 중심의 경영을 말하고, 넷째는 정직Honesty으로, 상호 신뢰를 바탕으로 한 상생과 공존공영을 말한다. 이 가운데 첫째와 둘째, 셋째와 넷째는 하나로 묶어 크게 두 가지로 정리해도 무방한 비전이다. 혁신과 신뢰, 바로 이 두 가지로 압축되기 때문이다.

현진금속이 강소기업으로 가고 있다는 것은 무엇보다 최신의 다양한 가공설비와 생산설비를 갖추고 까다로운 특수제품까지 소화하고 있고, 주요 소재인 스테인리스 외에도 철, 특수합금, 알루미늄 등의 소재까지 확대하여 적용함으로써 토털 금속 기술 기업을 추구하고 있다는 것이다. 현진도 스테인리스를 넘어 종합금속업계의 작은 거인이 되고자 한다.

샘솟는 **아이디어로** 키운 **혁신기업**

엉뚱한 상상이 위대한 현실을 낳는다

아이디어는 어떤 물건이나 일에 대한 착상이나 구상을 말한다. 바로 이 아이디어에서 새로운 발견이나 발명이 나온다. 아이디어라면 상상력이 발휘되어야 한다. 상상력 없이는 그저 평범한 아이디어일 뿐이어서 새로운 결과물을 창출할 가망이 없다. 그러니 아이디어는 기발하거나 새롭거나 그도 아니면 엉뚱하기라도 해야 한다. 엉뚱한 상상이 바로 그런 아이디어의 시작이 된다.

마법의 세계를 무대로 삼은 롤링의 《해리 포터》시리즈에는 하늘을 나는 빗자루, 말하는 모자, 투명한 망토 같은 기발한 물건들이 넘쳐난다. 물론 상상력이 낳은 것들이지만, 시간이 지나서 보면 실현되는 것들도 적잖다. SF소설 속의 숱한 공상들도 책에서 튀어나와 현실이 되었다. 해리 포터가 입고 활약을 펼친 '투명 망토'의 탄생도 머지않았다고 한다. 물체를 보이지 않게 만드는 물질이 개발되었다고 하니 말이다.

혹시 '이그노벨상'이라고 들어봤나 모르겠다. "있을 것 같지 않지만 진짜Improbable Genuine"의 머리글자 IG를 노벨상에 붙여 패러디한 것으로, 엉뚱해 보이거나 기발해 보이는 업적에 주는 상이다. 미국의 유머 과학 잡지Annals of Improbable Research가 제정한 이 상은 "반복할 수 없거나 반복해선 안 되는that cannot, or should not, be reproduced" 업적에 수여되는데, 진짜 노벨상 수상자들도 다수 시상에 참여하며 논문 심사도 맡고 있다고 한다.

1991년 창설 이래 역대 수상 내역을 보면 긍정적이든 부정적이든 정말로 "있을 것 같지 않은" 업적이면 상을 주었다. 그러니 업적이라기보다 그저 믿기지 않은 행적에 상이 수여되기도 했다.

피자는 흔히 햄버거와 함께 '비만의 주범'으로 꼽힌다. 그래서 피자를 사랑해마지 않는 이탈리아 과학자들이 피자의 명예를 찾기 위해 연구에 나선 결과 "피자를 먹으면 암과 심근경색의 위험을 줄일 수 있다"는 결과를 얻어냈다고 한다. 이 연구가 2019년 이그노벨상 의학상을 수상했다.

어느 나라 지폐에 박테리아가 가장 많은지를 밝힌 연구가 화학상을, 발의 악취 합성 과정을 과학적으로 해명한 연구가 의학상을, 남들이 거들떠보지 않는 정크본드에 투자하여 큰 수익을 남긴 투자가가 경제학상을, 여러 동물들의 생식기를 비교한 전시회를 연 기획자가 예술상을, 운전 중에도 TV를 볼 수 있는 오토 비전Auto Vision을 발명한 발명가가 기술상을 받았다.

우리나라에서도 몇몇 수상자를 배출했다. 향기 나는 양복을 개발한 의류업계 직원이 환경보호상을, 36년 만에 3만 6,000쌍의 합동결혼을 성사시킨 통일교 교주가 경제학상을, 세계 종말을 예측한 개신교 목사가 수학상을, 커피 잔을 들고 다닐 때 커피를 쏟는 현상에 대한 연구가 유체역학상을 받았다고 한다.

이처럼 엉뚱한 상상력과 호기심이 별의별 결과를 낳는다. 혁신적인 아이디어나 기술도 바로 이런 과정에서 나온다. 우리나라의 이런 상상력과 호기심을 자극하는 상이 있다. 카이스트KAIST는 학생들이 더 많은 질문을 던지고 질문에 대해 고민하는 연구 환경을 조성하기 위해 재학생을 대상으로 해마다 'KAIST가 던지는 궁극의 질문' 대회를 연다. 그래서 가장 기발하거나 좋은 질문에 상을 준다.

'빨지 않아도 되는 옷을 만들 수 있을까?'

'기록을 영원히 남길 방법은 무엇일까?'

'전기를 사용하지 않는 컴퓨터가 가능할까?'

'책을 읽지 않고 머릿속에 넣을 방법은 무엇인가?'

이런 질문들이 최우수질문상을 수상하거나 인기가 높았다고 한다. 지금 보면 농담 같아 보이겠지만 이런 질문들이 장차 어떤 과학기술의 진보를 이뤄낼지 모르는 일 아닌가.

르네상스 시대의 슈퍼스타 레오나르도 다빈치는 〈최후의 만찬〉, 〈모나리자〉 같은 걸작을 남긴 화가지만 뛰어난 과학자이기도 하다. 1500년 전후의 시대를 살았던 그의 노트에는 현대의 자동차, 헬리콥터, 낙하산, 요트, 엘리베이터 등의 원형이 되는 발명품이 잔뜩 그려져 있는데, 당시 사람들이 그걸 보았다면 그를 몽상가라고 놀렸을 것이다. 그런 것들이 실현되리라고 누가 상상이나 했겠는가.

현진의 혁신은 쉬는 날이 없다

현진금속은 경영과 관리에서도 기술에서도 끊임없이 혁신을 추구해온 결과 아직 20년도 채 안 된 역사지만 10개가 넘는 각종 인증과 10개에 가까운 특허를 획득하고, 수상은 20여 개나 된다. 게다가 뛰어난 제품 기술력과 높은 신용도 덕분에 청호, 쿠쿠, 한솔, 교원과 같은

10여 개의 대기업과 비즈니스 파트너십을 맺고 있다.

현진의 기술은 현진이 만드는 모든 제품에 상상을 초월할 만큼 섬세하게 적용되고 있는데, 그 기술은 또 끊임없이 혁신되고 있다. 생활제품은 다양성과 실용성 그리고 안전성에 초점을 두고 개발하는데, 독창적인 디자인으로 미적 완성도에도 무척 신경을 쓴다. 바이오 세라믹 코팅 주방용품 조리도구 세트는 현진이 야심차게 내놓은, 혁신적 기술과 창조적 디자인의 결정판이다.

물 관련 제품에는 현진의 모든 기술이 집약되어 있다고 할 수 있다. 대부분 모듈이나 어셈블리로 구상된 이 제품들에는 섬세한 기술만큼이나 다양한 과학의 원리가 접목되어 있다. 수도안심 스테인리스 정수기는 그 대표작으로, 수돗물이 개별 가정이나 업소에 최초로 진입하는 계량기에 대용량의 1마이크로 NSF 인증 필터를 장착하여 집안이나 업소의 모든 수돗물을 신뢰할 수 있도록 한 번에 관리하게 한다.

현진은 특수제품도 개발하고 만드는데, 언더 카운터 플레이트, 스테인리스 믹서, 연막통, 싱크볼, 군용수통 같은 것들이다. 이것들보다 더 특별한 제품은 현재 개발이 완료되어 상용화 테스트 과정에 있는 코로나 게이트다.

우리는 식당에 가면 맨 먼저 방문기록을 작성하거나 스마트폰의 QR코드를 제시해야 한다. 그런 다음 체온을 측정하고 손세정제로 소독을 마쳐야 자리에 가서 앉을 수 있다. 현진금속이 개발한 코로나게이트는 이 모든 과정을 한꺼번에 진행하는 제품이다. 코로나게이트에 들어서면 살균수가 그 사람의 키에 맞춰 고르게 분사되고, 마스크를 쓰지 않거나 체온이 높으면 입장이 불가능하게 고안되었다. 인공지능을 장착한 스마트 감염 예방 게이트다.

현진은 이처럼 사회적 문제 해결에 초점을 두고 신제품을 개발해왔는데, 붉은 수돗물 사건이 발생하자 수도용 여과기 개발을 시작한 것도 그 좋은 예다.

일상생활과 **발명**
그리고 **혁신기술**

발명해서 특별해진 것이지 특별해서 발명하는 건 아니다

우리는 대개 발명이라면 특별한 것, 발명가라면 특별한 사람이라고 여기기 쉽지만 숱한 발명이 평범한 일상에서 나오고, 많은 위대한 발견이나 발명이 보통 사람한테서 나온 것을 생각하면 어떤 위대한 발명도 바로 우리 곁에 있다는 걸 알 수 있다. 일상이 발명의 어머니이니, 발명은 일상을 떠나서는 생각할 수 없다는 말이다. 그러므로 우리는 고정관념만 버린다면 누구나 뛰어난 발명가가 될 수 있다.

우리가 일상에서 사용하는 생활용품은 발명을 통해 만들어진 것이 많다. 종이컵, 십자나사못, 십자드라이버, 일회용 밴드 같은 것들이 생활의 불편을 해결하는 과정에서 만들어진 발명품이다. 이런 생활용품들은 대부분 직업 발명가가 아니라 평범한 일상을 살던 보통 사람들이 발명했는데, 이들은 일상 가운데서 건져낸 하나의 발명 덕분에 인생이 바뀐 사람들이다.

관심이야말로 발명의 어머니다

나는 동태찌개를 참 좋아하는데, 냉동기술이 없었다면 북태평양에서 잡아오는 명태를 무슨 수로 여기 앉아서 싱싱한 맛 그대로 먹을 수 있겠는가. 그럼 누가 이 냉동기술을 발명했을까?

1886년에 태어난 미국 사람 버즈아이는 대학에서 생물학을 전공하고, 미국 농무부에서 생물 표본을 수집하는 직원으로 일했는데, 알래스카로 출장 가서 지내는 동안 신기한 장면을 보게 된다. 에스키모인이 갓 잡은 생선을 바로 얼려서 갈무리해놓고 요리 재료로 쓰는데, 몇 달이 지나도 잡을 때의 신선도를 그대로 유지하는 것이 신기했다.

그는 이것을 흘려버리지 않고, 집으로 돌아온 즉시 아이스크림 공장 한구석을 빌려 연구를 시작한다. 1925년, 마침내 급속냉동기를 발명하지만 아무도 알아주지 않는다. 그는 이에 실망하지 않고 성능이 더욱 향상된 자동냉동기로 업그레이드하는 한편 직접 냉동식품 회사를 설립하여 냉동해산물을 판매한다. 이윽고 소고기, 돼지고기, 과일, 채소까지도 냉동식품에 추가하고, 1929년에는 상표 등록을 완료한다. 이때 냉동기술의 가치를 알아보고 관련 특허권 인수를 제의해온 세계 최대 식품회사에 2,200만 달러를 받고 특허권을 넘긴다. 그러고는 다시 연구에 몰두한다.

그는 냉동기술 특허 하나로 현재가치로 치면 5억 달러쯤 되는 돈을 벌어 큰부자가 되었는데도 죽을 때1956년까지 연구에 몰두하여 250여 건의 특허를 더 남겼다니, 자기 일에 대한 열정이 대단한 사람이다. 가족이 늘 신선한 음식을 먹길 바라는 마음으로 급속냉동기술을 개발했다는 버즈아이. 일상에서 순간 스쳐가는 발견을 허투루 흘려보내지 않고 붙들어와 쏟은 관심과 열정이 '식탁의 혁명'을 가져올 줄 그때는 누가 알았겠는가.

사랑이 발명을 낳을 때도 있다

그 밖에도 일상 속에서 찾아낸 많은 발명이 있다. 우리가 병원에 가면 의사 선생님이 가슴에 갖다 대는 청진기도 호기심이 낳은 발명이다. 프랑스의 의사 라에네크는 어느 날 시소가 있는 어린이놀이터를 지나다가 아이들이 시소에 모여 시소는 타지 않고 시소에 귀를 대고 무슨 장난을 하는데 신기해하는 모습을 보았다. 호기심을 참지 못한 그가 아이들한테 가서 물어보니 시소 한쪽에 귀를 대면 저쪽에서 나는 소리가 크게 잘 들린다는 것이다. 직접 들어보니 진짜로 그랬다. 순간 머릿속이 번개가 치듯 환해졌다고 한다.

마침 병원에서 젊은 비만 여성을 검사하기 위한 준비를 하는데, 정확한 청진을 할 수 없어서 망설이고 있던 참이었다. 그는 놀이터에서 본 그 모습을 응용하여 종이 한 묶음을 말아서 실린더에 넣고 한쪽은 귀에 대어 누르고, 다른 한쪽은 환자의 가슴에 댔더니 "환자의 심장박동을 훨씬 분명하게 듣게 되어서 놀라고 기뻤다"고 한다. 이렇게 또 하나의 위대한 발명품, 청진기가 탄생한다.

앞에서는 '식탁의 혁명'이 일어나더니 이번엔 병원에서 '진단의 혁명'이 일어났다. 또 하나의 혁명이 우체국에서 일어나는데, 뭘까?

우표다. 아니, 우표에 무슨 혁명이?

우체국에 편지를 부치러 가면 봉투에 붙일 우표를 준다. 우편물이 여러 개일 때는 이어 붙은 여러 장의 우표를 받아서 낱장으로 떼서 봉투에 붙인다. 가위 없이도 맨손으로 손쉽게 뗄 수 있는데, 낱장들 사이에 줄지어 뚫린 작은 구멍 덕분이다. 바로 이 구멍이 엄청난 발명품이다.

1854년, 헨리 아처는 우체국에 볼 일을 보러 갈 때마다 가슴이 아팠다. 우체국 직원들이 가위로 일일이 우표를 자르느라 손이 온통 퍼렇게 멍이 들었기 때문이다. 그래서 저걸 어떻게 해결할 수 있을까, 고민하게 된다. 그런 고민을 하느라 손에 들고 있던 바늘로 신문을 콕콕 찌르는 버릇이 생겼다.

그러던 어느 날, 신문지가 바늘구멍을 따라 찢어져 있는 것을 보게 된다. 머릿속에 번개가 치듯 환해진 아처가 우표에도 구멍을 내서 찢어보니 잘 찢어지긴 하는데, 바늘로 구멍을 내는 게 생각보다 어렵다. 이제는 구멍을 빠르고 쉽게 내는 방법을 고민하느라 머리에 쥐가 나는데, 하루는 양복점 앞을 지나다가 재봉틀의 바늘이 실을 박는 모습을 보게 된다. 또 머릿속에 번개가 쳤다. 이후로는 우체국 직원들이 손가락에 멍이 들도록 가위질을 하는 일은 없어졌다고 한다.

우리는 이처럼 수많은 발명 덕분에 편리한 세상을 살고 있는데, 이제는 당연하게 느껴서 그것들이 얼마나 대단한 발명인지, 또 얼마나 고마운 존재인지도 잘 못 느끼고 살고 있지 않을까.

두려움이 창의력 발산의 적이다

발명이라면 다른 무엇보다 창의력이 요구되는 일인데, 창의적인 일은 늘 유쾌하지 않을까. 호기심을 충족하는 일이니 행복하기도 하고 말이다. 그런 유쾌해지고 행복해지는 일, 즉 창의적인 일에 관한 흥미로운 책이 있다. 뛰어난 디자이너 출신의 디자인 회사 경영자인 켈리 형제가 쓴 《유쾌한 크리에이티브》다.

이 책을 보면, 창의력은 누구에게나 잠재하지만 원초적 두려움이 창의력의 표출을 가로막고 있을 뿐이라고 한다. 실패에 대한 두려움, 판단되는 것에 대한 두려움, 불확실성에 대한 두려움, 낯선 것에 대한 두려움이 그것이라고 한다. 그래서 특별한 사람들만이 창의적인 생각을 한다는 통념에 정면으로 반박한다. 누구나 자신만의 방식으로 창의성을 발휘할 수 있다는 것이다. 창의성은 마음먹기의 문제이자 생각의 방식 차이로, 모든 사람이 예술가가 될 수는 없지만 누구든지 창의적인 직업인은 될 수 있다고 한다. 그렇다면 창의성은 어떻게 얻어지고 발휘될까? 켈리 형제는 '백지 상태에서 통찰을 얻는 3가지 전략'을 말합니다.

<u>**첫째는 창의성을 선택하라는 것이다.**</u> 다른 어떤 조건이나 전략에 앞

서 스스로 그렇게 되겠다고 마음먹는 일이 제일 중요하다.

둘째는 여행자처럼 생각하라는 것이다. 여행자는 모든 것을 처음 보듯 낯설게 보니까 하는 말이다. 익숙한 것은 아무래도 건성으로 대하기 마련이다. 여행자처럼 보고 생각하면 익숙한 것도 낯설게 들어온다. 바로 거기서 창의적인 생각이 돋아난다. 어떨 땐 문득 튀어나온다. 머릿속에 번개가 치기를 기다리지 말고, 여행자의 생각과 시선으로 번개를 만들라는 것이다.

셋째는 신경을 느슨하게 풀어놓을 줄도 알아야 한다는 것이다. 마음을 비우라는 말도 된다. 한 가지 일에만 줄곧 몰입해 있으면 다른 것은 아무것도 보이지 않고 마침내는 몰입해 있는 것조차도 보이지 않게 된다. 무슨 일이든 긴장이 있으면 반드시 이완이 필요하다. 바로 그 긴장과 이완의 경계에서 새로운 생각과 통찰이 불꽃처럼 일어나는 법이다. 어떤 문제의 답이 도무지 구해지지 않으면 그 문제를 잠시 떠나 있는 것도 답을 얻는 좋은 방법이다.

그 밖에도 '최종 사용자와 교감하라', '현장에서 관찰하라', '왜라고 질문하라', '과제의 틀을 다시 짜라', '창조적인 지원 네트워크를 만들라' 등이 나머지 조건인데, 당연한 얘기다.

최고의 **자산,**
자긍심과 **도전정신**

자긍심이 도전정신을 낳는다

　자본資本은 기업 경영의 근간이다. 아니, 자본 없이는 기업 자체가
존립할 수 없을 것이다. 그래서 기업을 설립할 때는 '자본금' 이 필수
요소로 등기부에도 기재된다. 그런데 자산資産이라는 게 있는데, 자본
과는 어떻게 다를까? 또 재산財産하고는 뭐가 다를까? 재산, 자산, 자
본. 뭔가 상관관계가 있지 않을까 싶다.

　대개 자산은 재산과 같은 개념으로 본다. 이럴 때 자산은 타인자본
과 자기자본을 합한 총재산을 가리킨다. 또는 이와는 달리 부채를 뺀
자기자본만을 자산이라고 하는 경우도 있다. 이럴 때 재산은 자산과
는 좀 다른 개념이다. 기업의 자본은 납입자본금과 잉여금으로 구성

되는데, 적자가 쌓여 잉여금이 바닥나고 부채가 납입자본금을 초과하게 되면 자본잠식 상태라고 한다.

그런데 우리가 흔히 아는 바로는 기업 활동에 필요한 모든 재화와 용역을 자산이라고 한다. 물론 부채도 포함된다. 여기서는 그 자산 얘기를 하려는 것이다. 현진금속에는 다양한 자산이 있다. 회사의 토지, 건물, 설비, 재고는 물론 기술과 인력도 중요한 자산이다. 자본금과 잉여금 그리고 부채도 자산에 들어간다. 하지만 회계장부에 잡히지 않는 비공식 자산도 있다.

기업 활동에는 '생산성'이라는 게 있는데, 이게 기업의 사활을 가를 만큼 중요한 요소다. 그런데 생산성은 직원들의 동기부여와 기술훈련 상태, 생산설비 수준 그리고 처우 등에 따른 사기士氣와 깊은 연관이 있다. 전쟁에서 군사들의 사기가 충천한 군대는 적은 병력으로도 그 몇 배나 더 많은 적군을 이긴다. 양만춘과 을지문덕이 그랬고, 특히 이순신의 승리는 불가사의할 정도다. 기업도 마찬가지다. 사기가 충천한 직원들이 열심히 일하지 않을 까닭이 없다. 회사가 직원들을 머슴으로 대하는 게 아니라 함께하는 동료로, 회사의 주체로 대할 때 자긍심이 생기고, 그 자긍심을 바탕으로 도전정신이 샘솟는다. '이래봬도 나는 이 회사에서 일하는 사람이야' 하는 자긍심이 말이다. 내가 몸담은 회사가 자랑스럽고, 그 회사에서 일하는 내가 자랑스럽기 때문이다. 그런 회사에서 뭔들 못하겠는가. 도전정신은 이럴 때 우러나오지 강요한다고 나오는 게 아니다.

그저 보수만 많이 받는다고 자긍심이 생기는 건 아니다. 보수가 좋아서 구직자라면 누구나 선망하는 주요 대기업의 신입직원 이직률이 평균보다 높은 데는 다 이유가 있다. 들어가서 일해 보니, 회사에 대해서도 자신에 대해서도 도무지 긍지가 생기지 않는 것이다. 급여는 센 편이지만 그저 부품으로 구르다가 폐기될 것 같은 분위기에 오래 버티지 못하는 것이다. '인간은 빵 없이는 살 수 없지만 빵만으로 살 수 있는 것도 아니다' 라는 말이 허튼소리가 아니다.

이순신의 수군도 자긍심이 없었으면 진짜 '1대 17'의 싸움을 어떻게 이길 수 있었겠는가. 자긍심이 도전정신을 부른 그 힘으로 적을 이기기에 앞서 두려움을 이긴 것이다. 어떤 싸움도 먼저 두려움을 이기지 않고서는 승리할 수 없을 것이다. 그렇다면 전쟁에 나선 군대의 가장 값진 자산도 자긍심이라고 할 수 있다. 자긍심이 없이 마지못해 싸우는 군대가 어떻게 전쟁에서 이기겠는가.

현진금속 같은 기업도 가장 값진 자산이라면 당연히 자긍심에 따른 도전정신이다. 대외적으로 회사가 가진 자긍심, 대표로서의 자긍심, 직원으로서의 자긍심, 또 그 안에서 서로에게 갖는 자긍심이 살아있는 한 도전은 계속될 것이고, 그 기업의 앞날은 밝을 것이다.

자긍심이 나를 지켜준다

자긍심이라니까 미국의 대통령으로 남북전쟁을 승리로 이끈 링컨의 이야기가 생각난다.

링컨의 가계를 보면 17세기 중반에 영국에서 건너온 평범한 집안이다. 아버지는 잠시 농사일을 하다가 제화공으로 생계를 꾸렸다. 구두 만드는 솜씨가 워낙 좋아서 상원의원들까지 아버지의 단골 고객이 되었을 정도였다. 그런 아버지는 링컨이 대통령에 당선되기 10년 전에 세상을 떠났다.

링컨이 대통령에 당선되자 상원의원들은 제화공의 아들 따위가 대통령이 된 것에 충격을 받았다. 게다가 링컨 본인은 변호사라고는 하지만 하층민이나 다름없는 처지여서 대통령으로 인정하지 않는 분위기였다. 그래서 대놓고 무시하고 멸시하기까지 한다.

링컨은 미국의 16대 대통령으로서 의회에서 취임 연설을 한다. 그때 한 상원의원이 일어나 조롱하듯 말한다.

"당신이 대통령이 되다니, 정말 놀랍군요. 당신이 제화공의 아들이라는 사실을 잊진 않았겠지요. 당신 아버지가 종종 우리 집에 불려와 구두를 만들었고, 지금 내가 신은 구두도 그중 하나입니다. 그런 보잘 것없는 신분으로 대통령이 된 사람은 당신 말고는 미국 역사에 없을 겁니다."

상원의원의 말이 끝나자 여기저기서 수군거리고 킥킥거렸지만 링컨은 말없이 눈을 감고 한동안 회상에 잠겼다. 링컨의 눈에는 눈물이 고이고 의사당에는 무거운 침묵이 흘렀다. 이윽고 링컨이 바람처럼 부드러운 어조로 침묵을 깼다.

"고맙습니다, 의원님. 한동안 잊고 지냈던 아버지의 추억을 상기시켜주시니 말입니다. 의원님 말씀대로 저는 제화공의 아들입니다. 아버지는 최고의 솜씨를 가진 제화공이었지요. 저는 아무리 애써도 그 솜씨에 미칠 수 없었습니다. 저뿐만 아니라 누구에게도 제화공으로서 아버지는 넘기 어려운 벽이었습니다. 이 자리에 의원님 말고도 제 아버지의 구두를 가진 분들이 더 계실 것입니다. 그럴 리는 없겠지만 만약 구두에 문제가 생기면 언제든지 제게 가져오십시오. 그러면 제가 아버지 어깨너머로 배운 솜씨로나마 손봐드릴 수 있습니다. 물론 큰 기대는 하지 마세요. 제 솜씨는 아버지에 비하면 형편없으니까요. 아버지는 구두 예술가였으니 말입니다. 나는 자랑스러운 아버지의 아들이고, 지금도 아버지를 존경합니다."

이런 게 진정한 자긍심 아닐까. 자기 의지와는 상관없이 태어날 때부터 둘러쓴 외피 따위가 아무리 화려한들 거기서 무슨 자긍심이 우러나겠는가. 자긍심으로 착각한 오만과 허영심일 것이다.

도전정신이 성장을 부른다

기업은 불확실함 가운데서도 늘 도전하는 조직이고, 기업가는 그런 조직을 이끌어가는 리더다. 그러므로 기업가 정신은 곧 도전정신이라고 할 수 있다.

100년 이상 장수하면서 신생 벤처기업 못지않게 왕성하게 활동하는 세계적 기업의 생존 전략도 바로 끊임없는 도전정신이다. 이런 장수 기업들은 시대에 뒤떨어지지 않게 변화한다는 공통점이 있다. 미래 경쟁력을 확보하기 위해 변화를 두려워하지 않고, 필요하면 기업의 본질까지 바꾼다. 예민한 촉수로 기회를 포착하여 과감하게 도전하는 도전정신이 경쟁력과 오랜 명성을 유지해온 비결이다.

1761년에 설립된 독일의 파버카스텔은 세계에서 가장 오래된 필기구 제조 회사다. 그렇다고 소기업이 아니다. 9대에 걸쳐 지속적으로 성장하면서 해마다 1조 원이 넘는 매출을 올리는 대기업이다. 그 비결은 기업가 정신, 즉 도전정신을 잃지 않았기 때문이다.

이런 배경에는 이 회사만의 기업 철학이 있다.

"우리는 단순히 쓰는 필기구만 만들지 않고, 창조적 활동과 관련된 도구를 개발하여 미래에 대비하고 있다. 연필은 아무 회사나 만들 수 있다. 하지만 우리는 평범한 일을 비범하게 잘하려고 노력해왔다. 바로 그것이 우리 회사의 철학이다."

또한 친환경을 모토로 내세운 이 회사는 해마다 브라질에 2만 여 그루의 나무를 심는 등 실천적 행동으로 사회적 책임을 공유하고 있다.

현진금속은 바로 이런 기업들에게서 배우고자 한다. 우리 현진의 역사는 아직 20년도 채 되지 않았지만 이런 기업가 정신과 도전정신만 잃지 않는다면 200년도 더 오래 성장하면서 지속될 것으로 믿는다.

센스 9단의
지속성장의 힘

앞에서도 말했지만

나는 어떤 기업이든 직원을 우러러봐야

성공한다고 믿어왔고,

그 믿음이 한 번도 흔들린 적이 없다.

존중을 넘어 우러러봐야 한다고까지 하면

혹여 지나치다고 하는 사람도 있을 것이다.

하지만 나는 조금도 지나치지 않다고 생각한다.

1단
거둔 만큼 **나누는 기쁨**이 있다

고난은 나누기 쉬워도 부귀는 나누기 어렵다

'나누는 기쁨'이 있다는 건 우리 현진금속의 최고 자랑이다.

"고난은 나누기 쉬워도 부귀는 나누기 어렵다"는 옛말이 있다.

왜 그런 걸까? 그것을 증명하는 사례는 수도 없이 많은데, 가장 인상적인 역사의 한 장면이 있다.

중국에 경치 좋기로 이름난 장가계張家界가 있다. 중국 여행 가는 사람들한테는 필수 코스로 인식되어 있는 곳이다.

"사람이 태어나서 장가계에 가보지 않았다면, 100세가 되어도 어찌 늙었다고 할 수가 있겠는가?"

이런 말이 전해올 정도로 천하 절승 중의 절승이라 할 만하다. 예로

부터 장가들이 많이 살아서 장가계라는 이름이 붙었겠지만 '천하의 장자방'이라 불린 장량이 한고조 유방의 눈을 피해 은거한 곳이라는 이야기도 전해온다.

장량이 활동하던 무렵에는 진시황의 진 제국이 졸지에 무너지고 난세가 온다. '난세에 영웅이 난다'고 했다. 권력의 공백을 틈타 군웅이 할거하다가 천하는 초한의 항우와 유방, 두 영웅의 대결로 압축된다. 사실 별 볼일 없던 백수건달이던 유방이 여기까지 온 것만 해도 장량의 역할이 결정적이었다. 같은 창업 공신인 한신이나 소하도 장량이 있었기에 제 역량을 발휘한 것이니 말이다.

이들 3인방을 비롯하여 온갖 고난을 함께한 인재들의 눈부신 활약으로 유방은 마침내 천하를 손에 넣는다. 고난을 함께할 때의 유방은 부하들의 웬만한 허물은 덮어주는 관용과 부하들의 털끝 하나까지도 아끼는 지극한 인자함을 보였다. 그들 하나하나가 절박하게 필요했으니까. 고난의 시기에는 누구든 그러지 않을까 싶다. 그래서 고난을 나누기는 쉽다고 한 것이지 싶다.

그러나 천하통일을 이루고 황제에 오른 유방은 태도가 돌변한다. 창업 공신들을 무자비하게 숙청하기 시작한 것이다. 특히 군사적 위협이 될 만한 공신들은 가차 없이 죽였다. 대장군 한신도 유방의 칼날에 목이 떨어지게 되자 울분을 토한다.

"날쌘 토끼를 사로잡으면 사냥개는 잡아먹히고, 높이 나는 새를 잡으면 활은 곳간에 처박히며, 적국을 멸하고 나면 충신은 죽임 당한다더니, 천하가 평정되니 내가 잡혀 죽게 되는구나!"

이래서 부귀는 나누기 어렵다는 말이 나온 것이다.

현진에는 공유하고 나누는 기쁨이 있다

사실 이런 일은 국가를 부흥시키고 창업하는 과정에서만 일어나는 게 아니다. 기업을 창업하고 경영하는 과정에서도 흔히 일어난다. 그만큼 성공의 열매는 나누기가 어려운 것이 화장실 갈 때하고 나올 때하고 180도 달라지는 인간의 변덕 때문 아닐까 싶다.

그러나 이 어려운 것을 당연한 듯이 해내야 앞에서 말한 회사에 대한 자긍심도 생기고 일하는 보람도 느끼지 않겠는가 싶다. 그래서 현진금속은 모든 임직원과 회계를 투명하게 공유하고 회사의 잉여 이익을 함께 누린다. 기쁨을 함께 나누는 것이다. 그러니 코로나 사태와 같은 큰 위기가 회사에 닥칠 때 임직원이 스스로 기꺼이 고난을 나누자고 손을 내밀 수 있는 것이다.

2단
모든 것이 **사람**을 위해 **존재**한다

'사람 중시 경영'의 진정한 뜻은 뭘까

세상 모든 일이 다 사람 살자고 하는 거 아닐까 싶다. 그러니까 사람은 어떤 경우라도 객체가 아니라 주체이고, 수단이 아니라 목적이라는 것이다. 그런데 살다보면 사람을 다른 무엇의 수단으로 여기는 경우를 흔히 본다. 심지어 무슨 물건 취급하는 경우도 있다.

만약 이런 기업이 있다면, 옛날이라면 몰라도 이제는 오래 가지 못할 것이다. 설령 오래 가더라도 그런 기업을 해서는 안 될 일이다.

가습기 살균제 사건만 해도 그렇다. 사용자에 대한 심각한 피해 사실이 드러난 이후에도 경고를 무시하고 한동안 계속 판매한 탓에 피해자가 엄청나게 늘어났다니, 사람을 돈벌이 수단으로만 여기지 않고

서야 어찌 이런 일이 벌어질 수 있을까.

또 환경호르몬 물질은 어떤가?

우리는 너무나 많은 환경호르몬 물질에 노출되어 있다. 종이컵이나 은박접시 같은 온갖 일회용품, 비닐봉지나 플라스틱, PVC 같은 것이 인체에 해로운 환경호르몬 물질을 배출한다. 이런 물질은 직접 인체로 들어가기도 하지만 더 많은 경우는 하천과 바다 그리고 토양에 쌓여 다른 생물체를 오염시킴으로써 그것을 섭취하는 인체에 심각한 문제를 일으킨다.

그래서 현진금속은 인체에 무해하고 반영구적인 스테인리스 소재로 생활용품을 개발하게 된 것이다. 뭘 해도 사람을 먼저 생각하고 사람을 위해 존재하는 기업이 되겠다는 의지의 발로다.

사람을 위해 존재하는 회사는 이처럼 먼저 소비자를 생각해야 하지만 내부 직원을 위해 존재하는 회사이기도 해야 한다. 그런데 한 가지 안타까운 것은, 많은 기업이 사람을 가장 중요한 자원으로 여기면서도 정작 사람을 알고 이해하는 데는 별 관심이 없다는 것이다.

그러니까 인재人材를 중시한다는 건 기업 활동 자산으로서 사람을 중시한다는 의미지, 사람을 기업 활동 주체로서 중시한다는 의미는 아닌 것이다. 대부분의 '인재 경영' 슬로건은 사람을 수단으로 보는 시각에서 벗어나지 못하고 있다는 말이다. 이건 아니다. 정말로 사람을

중시한다면 다른 차원, 즉 사람을 목적이자 주체로 세우는 차원에서
바라봐야 한단 말이다.

130년 기업이 장수한 비결은 뭘까

그런 기업들이 있다. 하나 예를 들어보겠다. 1891년 창업해서 '사람
중시' 경영을 바탕으로 130년간 장수해온 기업이 있다.

일본에 '라이온' 이라는 생활용품 전문 기업이 있다. 그 회사 사장後
지시게 사다요시이 전에 한국을 방문하여 한 얘기가 있다.

"한국 기업은 1998년 외환위기를 겪고 나서 이익 극대화를 추구하
는 미국식 경영 방식으로 방향을 선회했다. 하지만 이제 방향을 다시
틀어야 할 때다."

라이온은 어떤 회사일까? 오래 전부터 전해오는 무용담 같은 일화
가 있다.

1972년, 그 유명한 아이보리 비누를 비롯하여 300여 개의 브랜드를
보유하고 생활용품업계의 공룡으로 불리던 P&G가 일본 시장에 진출
한다. 일본을 교두보로 삼아 아시아 시장을 휩쓸려고 작정한 것이다.
이미 세계적으로 품질을 인정받은 세탁제품을 내세워 대대적인 광고

공세를 펼쳤다.

그러나 규모는 작아도 기술력만큼은 어디에도 뒤지지 않던 일본 기업들의 대응이 만만치 않았다. P&G가 신제품을 시장에 내놓기가 바쁘게 유사 제품을 뒤따라 내놓곤 했는데, 더구나 그 유사 제품이 P&G 제품보다 가성비가 더 좋았다. 그러다 보니 P&G 제품이 소비자에게 점차 외면당하게 된 것이다. P&G는 일본 시장 진출 10년 만에 결국 손을 들고 말았는데, P&G 100년 역사에서 처음 겪은 실패라고 한다. 다윗이 골리앗을 물리친 셈이다.

이때 '다윗의 승리'를 주도한 기업이 바로 라이온이다. 이 회사는 이웃과 사람을 중시하는 경영 원칙을 지켜온 덕분에 장수했다고 한다. 사람을 중시하니까 고객의 신뢰를 받게 되고, 그런 믿음이 회사를 지속 가능하게 만들었다는 것이다.

그렇다면 구체적으로 어떻게 사람을 중시했다는 걸까? 먼저 정년 연장 프로그램이 있다. 이 회사의 정년은 60세지만 연장을 희망하면 65세까지 가능하다. 여성을 위한 배려로는, 아이를 낳고 초등학교에 보내기까지 6년 연속 휴직할 수 있도록 한 것이다. 누구라도 전혀 눈치 보지 않고 이 장기간의 육아휴직을 사용할 수 있으며, 휴직이 끝나면 복직이 확실하게 보장된다. 이보다 더 파격적인 제도가 있는데, 개인 사정으로 본의 아니게 퇴사하는 직원이 5년 안에는 언제라도 재입

사할 수 있도록 한 것이다. 또한 맞벌이로 생활을 꾸려가는 직원을 업무상 다른 지역으로 보낼 경우에는 그 배우자가 그곳에서 일을 할 수 있도록 새로운 일자리를 알아봐 주기도 한다.

한마디로, 라이온은 회사의 경영과 관리 편의에 맞춰 직원의 행동이나 선택을 제한하는 것이 아니라 거꾸로 직원의 편의에 맞춰 회사의 규범을 운용한다는 얘기다.

사람을 우러러보는 것은 당연하다

바로 이런 인식과 태도와 시스템을 가진 기업을 두고 진정으로 사람을 중시하는 경영을 한다고 할 수 있지 않을까 싶다.

앞에서도 말했지만 나는 어떤 기업이든 직원을 우러러봐야 성공한다고 믿어왔고, 그 믿음이 한 번도 흔들린 적이 없다. 존중을 넘어 우러러봐야 한다고까지 하면 혹여 지나치다고 하는 사람도 있을 것이다. 하지만 나는 조금도 지나치지 않다고 생각한다.

우리나라의 하늘을 연 단군의 건국이념 중 하나가 홍익인간弘益人間으로, '널리 인간을 이롭게 한다'는 뜻임을 누구나 알 것이다. 여기서 출발한 동학사상의 기둥이 인내천人乃天이다. '사람이 곧 하늘'이라는 것이다. 사람이 하늘이니 당연히 우러러봐야 하지 않겠는가. 그러니까 현진금속이 추구하는 사람 중심의 경영, 즉 '직원을 우러러봐야 산다'는 기업정신은 알고 보니 우리 선조들이 품어온 오랜 이상, 즉 인내천 사상을 배경으로 삼고 있다. 나도 잘 몰랐는데, 이 책을 쓰면서 알게 되었다.

3단
누리고 **성장**하는 데서 **보람**을 찾는다

직원의 성장이 기업의 성장이다

사람을 중시하는 기업이라면 직원의 처우 개선뿐 아니라 성장에도 관심을 가져야 하지 않을까 싶다. 어쩌면 직원의 성장이 그 직원을 가장 행복하게 하고, 나아가 회사가 성장하는 데 가장 중요한 요소일 수 있겠다. 그래서 현진금속도 직원의 성장에 관심을 기울이고 있다. 아직은 성장을 위한 프로그램이 많이 부족한 상태지만 구체적인 계획을 가지고 준비하고 있으니, 머잖아 결실을 보게 될 것이다.

"회사가 직원에게 해줄 수 있는 가장 좋은 복지는 출중한 능력자를 채용해서 그들이 같이 일하도록 하는 것이란 걸 깨달았습니다. 이것이 공짜 초밥을 제공하거나 엄청난 보너스 또는 특전을 안기는 것보다 훨씬 더 나은 특전입니다. 능력이 탁월한 직원, 명확한 목표, 제품에 대한 충분한 이해, 이 세 가지는 무엇보다 강력한 조합입니다."

넷플릭스의 최고인재책임자를 지낸 패티 맥코드가 한 말이다. 또 그는 《파워풀: 넷플릭스 성장의 비결》 출간을 계기로 〈한국경제〉와 가진 인터뷰에서 이렇게 말한다.

"인재관리 전문가들이 쓰는 용어에 '권한부여empowerment'가 있습니다. 관리자들은 당신이 일을 잘할 수 있도록 권한을 주겠다고 말하지요. 저는 그 말을 좋아하지 않습니다. 사람들은 저마다 '파워'를 갖고 있기 때문입니다. 관리자는 권한을 주기보다는 오히려 파워를 빼앗아가는 경우가 많아요. 직원들이 어떤 일을 할 수 있도록 허락과 승인을 요청해야 한다면 그것은 권한을 받은 게 아닙니다. 당신의 일과 경력을 결정하는 파워는 정작 당신 자신에게 있는데 말입니다. 그러니 관리자는 직원에게 어떤 일을 해야만 한다고 말할 필요가 없습니다. 모든 직원이 스스로 할 일을 알고, 성과를 내야 합니다."

그는 "한국에서는 직장 상사에게 자신의 의견을 말하기가 쉽지 않은 현실"에 대해 이렇게 진단하고 조언한다.

"한국뿐 아니라 아시아권 문화에서는 상사에게 자기 의견을 거리낌 없이 말하는 사람이 문제를 일으키고 권위를 존중하지 않는 것으로 비칠 수도 있을 것입니다. 주변 사람들이 그런 사람의 모습을 싫어할 수도 있겠지요. 하지만 사실에 기반을 둔 피드백은 조직이 성장하는 데 큰 도움이 됩니다. '나는 당신의 생각을 반대한다'고 말하지 말고, '나는 이것을 다르게 본다'고 말하는 게 낫습니다. 사실에 기반을 둔 의견이라면 그는 문제를 일으키는 사람이 아니라 문제를 해결하는 사람이 될 것입니다."

스스로 크는 인재는 없다

앞에서 들어본 맥코드의 말은 직원의 성장에 관심이 있다면 새겨들을 만하다. 뒤집어서 말하면 사주나 상사의 간섭과 규제가 직원의 성장을 방해한다는 것이다. 상사의 권위에 눌려서 기도 못 펴고 시키는 대로 수동적으로 일하는 직원한테서 무슨 창의성을 기대하고 성장을 기대하겠는가. 기업에서 성장이라고 하면 교육훈련부터 내세우는데, 물론 그것도 중요하지만 그보다는 일하는 가운데서 성장하는 것이 중요하다. 기업에서 성장은 기술이 좋아지고 지식이 늘어나는 것만이 아니니까 말이다.

가령, 호텔 직원이라면 도어맨이 자기의 일을 점점 더 잘하는 것도 성장이다. 그러나 더 근본적이고 중요한 성장은, 그 도어맨이 10년을 근무한다면 그때는 호텔 프런트 전체를 책임지는 매니저 역할을 훌륭하게 수행하는 것이다. 또 10년을 더 근무한다면 호텔 전체의 관리를 책임지는 총지배인의 역할을 거뜬히 수행할 수 있어야 한다.

이런 차원의 성장은 단순한 기능이나 지식과 교육만으로 되는 게 아니다. 저마다 스스로 지닌 파워를 잘 살려서 꽃을 피우도록 해야 그 사람이 진정으로 성장할 수 있을 테니까 말이다.

무슨 행사를 계기로 기업 대표들끼리 모여 얘기를 나눌 기회가 나거나 종종 주변에서 들려오는 얘기를 듣자면 직원들에 관한 얘기도 있는데, 대개는 직원들이 연차에 비해 능력이 떨어진다거나 오래되어도 도무지 발전이 없다거나 새로운 업무에 대한 이해도가 떨어진다거나 실력도 없이 눈치만 는다거나 하는 험담 섞인 하소연이다.

그러나 '스스로 크는 인재는 없다' 는 걸 알아야 한다. 앞의 하소연대로 직원들이 성장하기는커녕 그토록 형편없다면, 직원들 개개인의 문제이기 전에 틀림없이 회사의 문제일 것이다. 회사가 직원들에 대해 전혀 모르고 있고, 알려고 하지도 않은 결과가 그렇게 나온 것뿐이라는 것이다. 그렇다면 회사는 무엇을 어떻게 해야 할까?

직원이 회사에 바라는 것이 무엇인지, 더불어 회사는 어떤 직원을 필요로 하는지 분명하게 알아주고 알려야 한다. 어느 일방이 아니라 서로가 잘 알고 이해해야 한다는 것이다. 그래야 뭘 어떻게 해볼 거 아니겠는가. 그런 이해를 바탕으로 직원들 각자에게 직책에 따른 역할과 업무 범위를 설정해주는 것은 당연한 것이다.

이런 바탕이 마련되었으면 업무일지를 작성하는 습관을 기르도록 한다든지, 직책별 그리고 연차별 업무를 최고로 수행하도록 맞춤 성장 프로그램을 제공한다든지, 충분한 지식과 정보를 제공한다든지, 객관적인 평가지표를 설정하여 제공한다든지, 공정한 인사평가로 동기를 부여한다든지, 격의 없는 소통으로 창의성을 북돋는다든지, 회사의 핵심 정보와 비전을 공유한다든지 하는 것들은 그다지 어렵잖게 실행할 수 있지 않을까 싶다.

"자네 생각은 어떤가?"

앞에서 잠깐 호텔을 예로 들었는데, 호텔 하면 '사람 중심 경영'으로 유명한 경영자가 있다. 메리어트 인터내셔널을 세계 제일의 호텔 기업으로 일군 빌 메리어트 회장이다.

"자네 생각은 어떤가?"

빌이 직원들에게 버릇처럼 던지는 질문이라고 한다. 말단 직원에게도 늘 이렇게 의견을 구한다는 것이다. 이 질문이 많은 기적을 일으켰고, 오늘날의 메리어트 인터내셔널을 있게 한 바탕이 되었다니 이 간단한 질문 하나의 힘이 대단하다.

보기엔 간단한 질문이지만 그 의미는 자못 크다. 어느 직원에게든 '기회를 주는' 질문이기 때문이다. 그렇다. 메리어트 인터내셔널은 '직원들에게 기회를 주는 회사'라서 남다른 성장을 이룬 것이다. 말단 직원에게도 동등한 기회를 주어서 성장시키는 것이다. 좀 길긴 하지만 빌의 얘기를 들어볼 필요가 있다. 직원을 성장시키는 사람 중심 경영의 진수를 볼 테니까 말이다.

1927년에 사업이라고 처음 시작한 맥주 가판대로 겨우 먹고 살다가 1957년에 처음 호텔을 열 때만 해도 창업자인 부모님과 내가 어찌 지금의 상황을 꿈이나 꾸었겠어요. 그때는 호텔이라 해봤자 자동차 여행객을 상대하는 자그마한 숙박업소에 불과했으니까요. 1980년대에 들어서야 우리는 날개를 달고 날아올랐습니다. 이후 신설과 합병을 통해 20여 개의 브랜드를 거느린 최대, 최고의 호텔 기업으로 성장한 겁니다. 그 바탕에는 함께 성장해온 직원들이 있지요.

"최고를 추구하라!"

아버지가 내게 해준 말입니다. 아버지는 말로만 일하지 않았어요. 최고를 만들기 위해 직접 현장으로 뛰어들어 호텔 곳곳을 꼼꼼하게 살피고 개선점을 찾아 나서길 마다 않았습니다. 이런 모습을 보고 자란 나는 아버지처럼 일했지요. 해마다 10만5,000킬로미터를 누비고 다녔습니다. 메리어트 호텔이 있는 곳이라면 세계 어디나 다요. 2012년에 경영 일선에서 내려올 때까지 그렇게 48년을 변함없이 치열하게 살았지요.

어떻게 치열했냐고요? 객실 옷장에는 다리미와 다리미 받침이 있는지, 옷걸이가 충분한지도 세심하게 챙겼어요. 세탁실, 주방, 하치장, 직원휴게실 같이 고객의 눈에 띠지 않는 곳까지 돌아보고 고쳐야 할 점을 수첩에 가득 적었지요. 문제점들은 직원들의 손을 거쳐 신속하게 개선되었습니다. 이러한 관심과 노력이 최고를 만드는 원동력이었지요.

그러나 더 중요한 원동력은 따로 있었습니다. 사람을 우선시하는 경영이에요. 아버지의 뜻을 저도 이어받는 겁니다. 아버지는 내게 직원을 'Employee' 가 아니라 'Associate' 로 부르도록 했어요. 직원은 피고용인이 아니라 동료라는 의미입니다.

"자신을 위해 일하는 사람들의 걱정과 고민은 항상 귀담아들어야 한다."

특히 아버지의 이 말씀이 가슴에 깊이 박혔어요. 그래서 나는 매일 직원들 곁으로 다가가 묻고 경청했습니다. 한 사람 한 사람 이름을 외우고, 개인 문제든 회사 문제든 가리지 않고 흉금을 터놓고 얘기를 나누었어요. 그러다 보니 전 세계 메리어트 호텔 총지배인 4,000여 명의 이름을 다 외우게 되었습니다. 그들 누구라도 만나면 명찰을 보지 않고도 오래된 친구처럼 이름을 부를 수 있어요.

다들 나한테 성공의 비결을 묻는데, 내 대답은 늘 정해져 있습니다. 첫째도 사람, 둘째도 사람, 셋째도 사람. 사람을 고용하고, 그를 성장시키고, 사람을 위해 일하는 것입니다. 나는 늘 나보다 더 훌륭한 사람들 고용하기 위해 노력했고, 그에게 기회를 주어 성공할 수 있도록 신경 써 왔습니다.

직원과 소통하는 것도 중요합니다. 우리 회사에서 아랫사람을 업신여긴 간부는 누구도 성공하지 못했습니다. 그런 간부는 대체로 아랫사람의 말을 경청하지 않아요. 무시합니다. 이미 자신이 그 답을 알고 있다고 생각하기 때문이에요. 그러면 얼마 못 가서 직원들은 아무도 자기 생각을 말하지 않게 됩니다. 정말 끝내주는 아이디어가 있는데도 말이에요. 그래서 나는 입버릇처럼 말하고 다닙니다.

"자네 생각은 어떤가?"

때로는 쓴 소리도 들어야 해요. 언젠가 중요한 프로젝트 발표를 마친 뒤 임원들에게 의견을 구했습니다. 다들 칭찬 일색이더군요. 그런데 한쪽 구석에서 아무 말 없이 앉아 있는 신입 임원이 눈에 띄기에 의

건을 물었습니다.

"자네 생각은 어떤가?"

그의 대답은 회의적이었어요. 그 이유를 조목조목 밝히면서 말입니다. 경청하면서 곰곰이 생각해봤는데, 그의 지적이 타당한 거예요. 그 자리에서 프로젝트를 폐기했습니다. 얼마나 고마운지요. 그때 그 지적을 무시했다면 우리 회사는 엄청난 손실을 입었을 겁니다.

사람들은 메리어트 인터내셔널이 직원 복지에 후하다고들 하는데, 그건 복지라기보다 직원이 누려야 할 당연한 권리입니다. 전 세계 모든 직원이 곧 메리어트니까요. 그들이 있어서 메리어트가 최고 대접을 받는 겁니다. 직원이 행복해야 고객도 행복하게 할 수 있는 거 아닐까요.

빌 메리어트. 1932년생이니까 올해로 아흔이 눈앞이다. 그는 여든 살에 경영 일선에서 물러난 뒤로도 아내와 함께 전 세계 호텔을 돌며 직원들과 만나는 것을 즐거움으로 삼아왔다니, 참 대단하다.

그런데 빌은"자네 생각은 어떤가?"라는 질문의 저작권이 다른 사람한테 있다고 한다. 누굴까?

빌의 아버지 JW는 아이젠하워 대통령의 친구인데, 1954년 대통령 가족이 메리어트 가문의 농장을 방문했다. 눈보라가 몰아치는 혹한의 날씨에도 불구하고 JW는 메추라기 사냥을 나가자고 제안했다고 한다. 고민하던 대통령은 난롯가에 모여 앉은 양가 가족을 둘러보다가 22세의 해군 소위에게 물었다.

"빌, 자네는 어쩌고 싶나? 우리가 어떻게 해야 한다고 생각하나?"

빌은 이 질문에 충격을 받았다. 군 통수권자인 대통령이 새파란 초급장교한테 의견을 물었으니 놀랄 만도 하다. 대통령이 던진 이때의 질문이 평생 뇌리에 박혔다고 한다. 그러니 "자네 생각은 어떤가?"라는 질문의 저작권은 아이젠하워에게 있는 셈이다.

위아래가 따로 없이 소통한다

세종대왕이 한글을 만든 뜻은 뭘까

위아래 없이 화통한 소통이라면, 앞에서 빌 메리어트가 그 진수의 일면을 얘기했다. 무엇보다 4,000명이 넘는 총지배인들 이름을 다 외운다는 것은 대단한 관심이고, 소통하고자 하는 열정이다. 결코 쉬운 일이 아니다.

나 역시 우리 직원들에게 가까이 다가가 얘기를 나누고 저마다를 좀 더 알려고 노력한다. 80명의 직원을 4,000명에 견줄 순 없겠지만 이름도 다 외우고 있다. 또 매주 전체 미팅을 통해 제한 없는 주제로 의견을 주고받기도 한다. 그동안 벽이 되었던 것들을 서로에게 들어가는 문으로 만들어 소통하는 것이다. 그러면 직원들은 나에게, 나는 직원들에게 고개를 넘는 길이 되고 강을 건너는 배가 된다. 서로가 서로의 길을 밝히는 등불이 되는 것이다.

좀 엉뚱하다 싶기도 하겠지만 여기서 한 가지 질문을 해보자. 세종대왕은 왜 그토록 필사적으로 한글을 만들었을까?

길을 트기 위해서 그런 거 아닐까. 통치자와 백성 사이에 막혀 있는 길 말이다. 백성들이 누구나 익혀 쓸 수 있는 쉬운 글로써 자유롭게 소통하는 세상을 꿈꾼 것이다. 문자는 세대를 잇는 길이자 동시대 사람들을 엮는 길이기도 하다. 그러나 한글이 없던 시절의 한자漢字는 길이 되기는커녕 지배층과 백성들을 가르는 벽이었다. 이건 내 짐작이 아니다. 한글을 반대하는 신하들의 빗발치는 상소 내용에 그대로 나오는 얘기다.

백성들이 억울한 일을 당하지 않도록 한글을 만들어서 널리 쓰이도록 하려는 임금도 필사적이었고, 양반의 권위와 기득권을 침해할 것이 틀림없는 한글을 막으려는 신하들도 필사적이었다. 정말이지 한글을 두고 군신 간에 피 튀기는 문자전쟁이 벌어진 것이다.

끝내 백성들의 손에 세상과 소통하고 길을 트는 무기를 쥐어주려는 임금이 승리한다. 그래서 오늘날 우리가 한글이라는 최고의 선물을 누리고 있는 것이다.

이런 세종대왕이 오늘에 살아나 방탄소년단BTS을 본다면 대견하다고 어깨를 두드려 줄 것 같다. 세계 각국의 수많은 방탄소년단 팬들이 한글로 된 노랫말을 자기들 나라 문자로 번역하기 바쁘다니 말이다. 그래서 한글 배우기 선풍이 분 거 아니겠는가. 조선의 백성들을 위해 만든 한글이 이제 세계 백성들이 소통하는 길이 되고 있으니, 어찌 뿌듯하지 않겠는가.

그런데 정작 여기서 하고 싶은 얘기는 방탄소년단과 팬들 사이의 소통이다. 물론 뛰어난 음악성과 공감의 메시지 같은 요소들이 방탄소년단을 세계적인 스타로 만들었겠지만 결코 빼놓을 수 없는 것이 팬들과의 참신하고도 격의 없는 소통이라고 한다.

이제 세상은, 특히 대중문화는 온라인에서의 소통이 오프라인에서의 소통 못지않게 비중이 커졌다. 방탄소년단의 인기와 영향력의 태반은 바로 남다른 온라인 소통 덕분이라고 한다. 이들의 트위터 팔로어는 1,200만 명, 페이스북 팔로어는 600만 명, 유튜브가 제공한 동영상을 본 사람은 누계로 85억 명에 이른다니, 아마어마하다. 그래서 미국 언론도 방탄소년단을 '소셜미디어의 왕' 이라고 부른다. 이들이 실시간으로 행하는 팬들과의 온라인 소통은 그 횟수나 내용에서 다른 대중 스타들이 흉내 내기 어려울 만큼 충실하다고 한다. 그들은 메시지를 진솔하게 표현하고, 꾸준하게 내보내며, 다양하면서도 입체적으로 전달하는 과정에서 참으로 방대한 콘텐트를 구축했다는 것이다.

아무튼 전 세계에서 공감을 불러일으킨 방탄소년단의 소통 방식은 우리 기업에서도 배울 점이 많다.

소통은 원래 어려운 것이다

이쯤에서 세계적인 동물행동학자이자 생태학자 최재천 교수의 소통 얘기를 해보고 싶다. 그는 "내가 하는 동물행동학이란 따지고 보면 결국 동물의 의사소통을 연구하는 학문"이라는 말로 소통에 대한 자신의 관심을 에둘러 설명한다.

충남 서산에 가면 2013년에 개원한 국립생태원이 있다. 최재천은 그 설립의 산파역을 하고 초대 원장으로 3년간 재직하면서 국립생태원이 자리를 잡도록 헌신한 분이다. 최재천은 학문을 문과와 이과로 나눠 높은 벽을 침으로써 상호교류를 통한 균형과 상승의 효과를 차단해버린 것을 안타깝게 여겨 그 벽을 허무는 '통섭通攝'을 역설한 통섭의 학자이기도 하다. 그 통섭도 결국 소통하는 것이다.

"나는 평생 동물의 의사소통 행동을 연구해온 학자로서 소통이 왜 이렇게 어려운지 너무도 잘 알고 있습니다. 소통은 원래 안 되는 게 정상입니다."

이게 그의 소통에 관한 진단이다. 누구나 소통을 해야 한다는 말은 쉽게 하지만 소통이 얼마나 어려운 것인지는 잘 말해주지 않는다. 정말로 소통이 얼마나 어려운 건지 몰라서 그러는 건 아닐까. 사람들은 저마다 자기가 알고 인식하는 만큼의 주장이 있고, 저마다 다른 이해관계만큼이나 다른 욕망과 생각이 있지 않을까 싶다. 그러니 서로 소통한다는 게 쉬울 리가 없다.

어떤 의사결정을 하기 위해 몇 사람이 의논을 하는데 만약 서로 자기가 옳다고 우기면 결론이 나지 않을 것이다. 백년하청百年河淸이란 말이다. 이것이 바로 소통이 안 되는 상황, 즉 불통의 상황이다. 그럼 어떻게 해야 비로소 소통할 수 있을까?

'누가' 옳거나 나은가를 따지지 말고 '무엇'이 옳거나 나은가를 따지라는 것이다. 과연 그렇다. 의사결정 과정이 '누가'에 초점이 맞춰지면 지거나 이기는 사생결단의 게임이 되고 만다. 그렇게 되면 과연 어느 누가 지려고 할까 싶다. 그러나 '누가'를 버리고 '무엇'이 더 좋은지에 초점을 맞추면, 그건 승부를 가르는 일이 아닌 것이 된다. 누가 낸 의견이든 그 중 가장 좋으면 되는 거니까 말이다. 그렇게 되면 최종으로 선택되는 의견은 그 자리에 있는 모두의 작품이 되는 것이다.

소통은 원래 이처럼 어려운 것이지만, 반드시 해야만 하는 것이다. 소통 없이는 인간관계든 일이든 아무것도 제대로 굴러가지 않을 테니까 말이다. 그래서 다들 '소통, 소통' 하는 것이다.

알고 봤더니 최재천은 소통의 달인일 뿐 아니라 '사람 중심 경영'에도 뛰어난 분이었다. 국립생태원장으로 있으면서 그는 '인사는 과학' 임을 보여주었다. 그의 학문은 '관찰'이 기반인 만큼 그는 관찰의 대가이기도 했다. 직원들 저마다의 행동이 자연히 그의 눈에 들어왔다. 그는 직원들의 행동을 메모했다가 그에 따라 파격 인사를 단행했다. 가령, 식물에 남다른 관심을 보인 행정직 직원을 식물 연구직으로 전보하는 것이다. 그렇게 저마다의 관심사에 맞게 보직이 조정되면서 개인으로서는 행복한 직업 인생을 맞게 되고, 조직으로서는 더욱 활기가 넘치게 된 것이다. 그가 초대 원장을 맡은 3년 만에 국립생태원이 신생 기관임에도 최우수 국가기관이 된 것은 다 이유가 있었다.

그는 관찰이라는 과학의 힘으로 행복이라는 인문학을 실천한 셈이다. 역시 통섭의 대가다운 아량이고 역량이다.

5단

사람을 **자산**이 아니라 **목적**으로 대한다

우리는 '인재' 를 잘못 쓰고 있다

경영이라고 하면 언젠가부터 '인재경영' 을 흔히 들먹인다. 내로라 하는 대기업들도 너나없이 인재경영을 한다며 홍보에 열을 올릴 만큼 인재는 기업 경영에서 첫 번째 요소로 인식되고 있다.

그런데 '인재人材' 란 무슨 뜻일까? 말 그대로 인간재목人間材木이다. 사람을 집 짓거나 가구 만드는 재목에 비유한 것이다. 인적자산人的資產이나 인적자원人的資源도 기업 경영에서 흔히 쓰는 말이다. 사실상 같은 말로, 사람을 산업 생산수단의 하나로 보는 시각이다. 그러므로 산업 생산수단으로써 가치가 높은 사람이 좋은 인재인 셈이다. 인재라는 말에도 사람을 생산수단인 자산으로 보는 시각이 들어 있는 것이다.

어쩌면 '인재'에 담긴 좋은 뜻을 왜곡하는 예민한 반응이라고 할 수도 있겠다. 그럴 리는 없다. 언어가 의식을 지배하고 행동을 규정한다는 말이 괜히 나온 말이 아니다. 실제로 대부분의 기업 현장에서는 '인재'라고 하면 사람을 생산수단으로 인식하고 다루는 것이다. 언어에 나타난 개념 그대로 인식이 따라가는 것이다. 실은 다들 좋은 뜻이라고 여겨 인재경영을 내세운 건데, 이렇게 되면 곤란하다. 이 문제를 해결할 방법이 있을까? 있다면 뭘까?

사람과 그 사람의 업무 능력을 명확하게 구분하는 것이다. 그러니까 '인재'라고 하면 그 사람의 재능으로 한정해야지 사람 자체까지 수단으로 보면 안 된다는 것이다. 그러니까 기업의 '인재경영'은 그 사람을 사서는 안 된다는 것이다. 그 사람의 재능만 사야 하는 것이니 말이다. 사람의 재능은 얼마든지 수단이 되어도 좋지만 사람 자체가 수단이 되어선 안 되니까 하는 말이다. 그렇다면 '인재경영'은 문제없이 좋은 말이다.

세상에 없던 세 가지 질문을 만나다

이런 의미에서 진정한 인재경영을 실천한 기업인이 있다. 독일의 국민기업이자 유럽에서 가장 큰 드러그스토어 체인 '데엠dm'의 창업자 괴츠 W. 베르너다. 드러그스토어란 의사 처방전 없이 판매할 수 있는 의약품과 함께 식료품, 생필품 등을 취급하는 가게를 말한다.

베르너는 누가 "무슨 일을 하는 사람이냐?"고 물으면 그저 "치약 파는 사람"이라고 대답하곤 했다지만, 그는 알고 보면 엄청난 사람이다.

현대경영의 개척자이자 보편적 기본소득제도의 선구자이며, 독창적인 기업윤리를 고안한 사상가였으니 말이다. 미국 월스트리트에서는 투자가 위런 버핏이 '오마하의 현자'로 불린다지만 전정한 경영계의 현자는 베르너가 아닐까 싶다.

가업의 영향으로 시작한 드러그스토어 사업이었지만 일찍이 베르너의 방식은 아버지와도 달랐고, 기존의 회사들이 가지 않는 길을 개척했다. 베르너가 20대 후반에 문을 연 데엠 1호점부터 과감한 발상으로 파란을 일으켰다. 이때까지 다른 가게들은 1만 가지 이상의 품목을 모두 같은 가격에 공급하고, 직원이 카운터에서 손님에게 물건을 건네주는 방식을 유지했다. 그러나 데엠은 취급 품목을 2,000개로 선별하고, 가격도 훨씬 싸게 매긴 반면에 매장 면적은 평균보다 3배 이상 넓혀 모든 상품을 개방함으로써 손님이 카트에 직접 골라 담을 수 있도록 했으니, 당시로서는 파격이었다.

소비자의 열렬한 호응으로 1년 만에 20호점을 개점했을 만큼 급성장했지만 어느 순간 성장세가 주춤해졌다. 모든 매장을 일률적으로 운영하여 효율을 높인다는 수직적 시스템이 한계에 부딪힌 것이다. 바로 이런 위기에서 베르너는 한 세미나에 참석했다가 자신과 회사의 운명을 바꿀 세 가지 질문과 만난다.

1. 기업이 당신을 위해 존재하는가, 아니면 당신이 기업을 위해 존재하는가?
2. 직원이 기업을 위해 존재하는가, 아니면 기업이 직원을 위해 존재하는가?
3. 고객이 기업을 위해 존재하는가, 아니면 기업이 고객을 위해 존재하는가?

베르너는 이 질문의 답을 구하는 가운데 세상을 보는 눈이 뒤집혔다. '사람을 결코 수단으로 봐서는 안 되며, 어떤 경우라도 목적으로 삼아야 한다. 기업은 고객과 직원을 포함한 모든 사람이 더 성장하고 행복해지도록 돕기 위해 존재한다.'

베르너는 이런 확고한 결론을 바탕으로 데엠의 경영을 혁신한다. 상명하달 시스템의 중추인 본부를 없애고 총괄권한을 각 지점에 넘겼으며, 별도 영업팀과 매뉴얼도 없앴다. 게다가 직원 연수와 성과급 지급 같은 인센티브 제도도 다 없앴다. 그런 게 다 직원을 효과적으로 착취하기 위한 도구라고 여긴 것이다. 가히 혁명적이다. 그는 직원들 스스로 왜 이 일을 하는지를 체득함으로써 스스로의 권한에 책임을 지는

'자기경영'을 실현하기 위해 이런 혁명적인 변화를 구한 것이다.

이와 더불어 고객을 대상으로 하는 모든 이벤트, 주기적인 할인행사, 99센트로 끝나는 특가 가격, 각 매장이 주력으로 내세우는 '코너상품'까지 없앴다. 이런 것들은 모두 명목이야 고객을 위한다고 내걸지만 실제로는 기업의 이익을 위한 것이기 때문이었다. 한마디로, 눈 가리고 아웅 하는 일체의 고객 기만행위를 버린 것이다.

그 대신에 어떤 물건이든 누군가에게는 특별한 물건이 될 수 있다는 생각으로 모든 제품을 상시로 싼 값에 제공했다. 심지어는 사람들의 구매욕을 부추기는 어떤 광고도 일절 하지 않았다. 데엠의 가게에는 괴테의 《파우스트》를 인용한 슬로건 하나면 충분했다.

"여기서 나는 인간이며, 여기서 나는 물건을 구매한다."

고객을 '나의 이로움을 취할 대상'이 아니라 '내가 이로움을 베풀어야 할 존재'로 바라보게 된 경영철학 때문에 가능한 일이 아닐까 싶다.

나를 돌아보는 시간이 필요하다

나는 베르너의 경영철학을 접하면서 새삼 나를 돌아보았다. 어떤 부분에서는 충격을 받았다. 내가 회사를 위해, 소비자를 위해, 직원을 위해 잘해온 것이라고 당연하게 생각한 것을 다시 생각하게 되었다. 물론 베르너의 경영철학을 다 이해하고 납득한 것은 아니지만 그는 나의 경영 방식이나 인간관계 방식은 물론 내 삶의 방식까지 돌아보게 하는 중요한 질문을 던진 것은 분명하다. 좋은 선생이 생긴 것이다.

독일의 철학자 칸트는 이런 말을 남겼다.

"그대는 그대 자신의 인격에서든 타인의 인격에서든 인간성을 단지 수단으로만 사용하지 말고 항상 동시에 목적으로 사용하라."

_ 경일관광경영고등학교 자매결연 업체 방문

6단
오늘이야말로 **최고의 자산**이다

내 인생에서 무엇이 가장 소중할까

여러분이 생각하는 최고의 자산은 무엇인가?

저마다 답이 다를 수밖에 없을 것이다. 다 똑같다면 오히려 이상한 일이다. 우리가 인생이나 일에 대해 갑자기 어떤 질문을 받으면 선뜻 대답하지 못하고 말문이 막히는 건 정답이 하나라는 선입견 때문 아닐까 싶다. 정답을 찾으려니 그게 쉽게 떠오를 리 없다. 애초에 있지도 않은 정답이니 말이다. 정답이 딱 하나 있긴 하다. 정답은 없다더니, 무슨 얘기냐고?

그냥 자기 생각을 말하는 것이다. 생각해보지 않았으면 모른다고 하는 게 정답이겠다. 저마다 다 처지가 달라 답도 다를 테니, 따로 맞는

답은 없다. 그러니 틀릴 염려도 없다. 이제 다시 대답해보자. 여러분의 최고 자산은 무엇인가?

지금 살고 있는 아파트라고? 아, 동네 시장 안에 있는 가게라고? 대학에 다니고 있는 자녀들일 수도 있겠다. 아니면 잘 돌아가고 있는 공장일 수도 있고. 어쩌면 노후보장 연금일 수도 있겠다. 많은 분들은 건강이야말로 최고의 자산이라고 한다. 일리 있는 얘기다. '재산을 잃으면 조금 잃은 것이요, 명예를 잃으면 많이 잃은 것이요, 건강을 잃으면 모든 것을 잃는 것' 이라는 말도 널리 공감을 사고 있으니 말이다.

같은 의미지만 질문의 표현을 한번 바꿔보자. 내 인생에서 가장 소중한 것은 뭘까?

사람은 무엇으로 사는 걸까

기쁨과 슬픔, 고난과 영광, 부유와 가난, 만남과 이별, 좌절과 희망, 실패와 재기…. 이처럼 희비와 흥망이 교차하는 인생의 거친 파도를 헤쳐 나아가다 보면 전에는 가장 소중하게 여겨졌던 것이 어느 날 문득 하찮게 여겨지고, 너무 하찮아서 거들떠보지도 않던 것이 더없이 소중한 존재로 다가오기도 한다. 그렇게 삶은 지속된다.

시인이나 작가, 철학자 같은 이름난 사람들은 무엇을 자기 인생에서 가장 소중한 것으로 꼽았을까?

주옥같은 시로 우리를 위로해온 이해인 수녀는 암 투병 중인데도 인생의 희망과 감사하는 마음을 말한다.

"겨울에는 나무에 아무것도 보이지 않아 도저히 잎이 필 것 같지 않지요. 그러나 몇 달 지나 봄이 오면 잎과 꽃이 핍니다. 가을에는 열매가 맺힙니다. 침묵 속에서 새싹이 피어나고 꽃이 만개하고 열매가 달리는 모습을 보게 됩니다. 그것이 바로 희망이지요."

그는 희망을 가장 소중하다고 한다.

톨스토이는 "사람의 마음속에는 무엇이 있는가? 사람에게 주어지지 않은 것은 무엇인가? 사람은 무엇으로 사는가?"라는 세 가지 질문으로 삶을 통찰하고 지혜를 구했는데, 그중 가장 널리 알려진 질문인 "사람은 무엇으로 사는가?"는 그의 단편소설 제목이도 하다. 톨스토이는 작품을 통해 사람의 마음속에는 하느님의 사랑이 있음을 깨달았고, 사람에게 주어지지 않은 것은 자신의 육체를 위해 필요한 것이 무엇임을 자각하는 것임을 알았다고 한다. 그리고 가장 중요한 마지막 질문에 대해서는 사람은 사랑으로 산다는 사실을 깨달았다고 한다. 톨스토이에게 인생에서 가장 중요한 것은 사랑이었다.

거의 20년 전에 에세이 《연탄길》로 일약 베스트셀러 작가가 된 이철

환은 더 높이 오르려다가 실패한 날을 떠올리며 이렇게 말한다.

"성공은 높이 올라가는 것이 아니라 깊이 들어가는 것입니다. 높이만 추구하면 언제나 더 높은 곳을 열망하기에 행복할 수 없습니다. 깊이가 없는 높이는 쓰러지게 됩니다. 지금보다 더 성공하고 싶다면 깊이에 대해 더 고민해야 합니다."

그에게 가장 소중한 것은 그전에는 더 높은 출세의 사다리였는데, 이제는 더 깊은 성찰이고 만족할 줄 아는 마음이 되었다.

아카데미상은 오스카상으로도 불리는데, 우리 영화 〈기생충〉이 2020년 시상에서 4개 부분을 휩쓸어 더욱 친숙해진 상이다. 1949년 아카데미상 시상식에는 〈시에라 마드레의 보물〉로 감독상을 수상한 존 휴스턴이 있었다. 휴스턴을 둘러싸고 다들 축하의 말을 건네는데 그중 한 사람이 흥미로운 제안을 했다. 한 사람씩 돌아가며 각자 인생에서 가장 소중하다고 생각되는 단어를 말해보면 어떻겠느냐고. 막 떠오른 세기의 스타 엘리자베스 테일러는 아름다움을, 미국의 젊은 작가 트루먼 커포티는 건강을 말한 데 이어서 사람들은 명예, 가족, 친구와 같은 단어를 들었다. 이제 끝으로 그날의 주인공인 휴스턴의 차례가 되자 사람들은 그가 워낙 영화를 사랑한 사람이니 '영화'라고 짐작했지만 그의 대답은 전혀 달랐다.

"관심입니다. 인생이 우리를 위해 준비해 놓은 것들에 관심을 갖는 것이요."

그렇다. 관심이야말로 소중한 것을 발견하는 좋은 방법이니까 말이다. 파울로 코엘류의 《연금술사》에 나오는 한 대목.

"왜 우리는 자신의 마음에 귀를 기울여야 하는 거죠?"

소년의 물음에 연금술사가 대답한다.

"그대의 마음 가는 곳에 그대의 보물이 있기 때문이지."

가장 중요한 순간은 언제일까

불교의 중심 경전인 《반야심경》은 "진리는 바로 '지금 여기now here'에 있다"고 한다. 그러니 '지금 여기' 에 소홀하게 되면 now here에서 w가 뒤로 도망가서 no where, 즉 진리는 아무데도 없게 된다고 한다. 과연 그렇다.

TV방송 프로그램 〈방랑식객-식사하셨어요?〉로 유명해진 자연요리 연구가를 아실 것이다. 임지호라는 본명보다는 '방랑식객' 으로 더 널리 알려진 분이다. 그가 자연에서 요리 재료를 마련해온 오랜 경험을 바탕으로 행복을 말한다.

"이름 모를 풀 한 포기, 누구도 눈여겨보지 않았던 잎사귀 하나도

왕후의 성찬에 들어갈 재료가 될 수 있습니다. 마찬가지로 오늘이라고 하는 이 시간, 여기라고 하는 이 공간을 소중하게 여기며 들여다볼 때 비로소 행복을 찾을 수 있습니다."

지금 여기에 행복이 있으니, 잘 찾아보라고 한다. 지금 여기는 바로 '오늘'이다. 나를 있게 하는 모든 날은 다 오늘밖에 없다. 어제는 이미 흘러가서 잡을 수 없고, 내일은 아직 오지 않아서 잡을 수 없다. 그럼 오늘밖에 없는 것이다. 그러니 누가 내게 인생 최고의 자산이 뭐냐고 묻는다면, 나는 서슴없이 대답하겠다.

"오늘."

7단
품질이 최고의 **마케팅**이다

'마케팅'을 다시 생각한다

대부분의 기업들이 마케팅에 사활을 걸다시피 하면서 매출의 상당 부분을 마케팅 비용으로 쏟아붓고 있다. 어떤 기업은 매출의 절반을 마케팅 비용으로 쓴다. 마케팅이 뭐기에 이처럼 많은 돈을 쓸까?

마케팅이란 상품이나 서비스가 잘 팔리도록 소비자에게 널리 알리거나 그것을 구매하도록 소비자를 유인하는 모든 활동을 말한다. 간략하게 말하면 홍보와 판촉 활동이다. 기업의 이미지를 개선하고 브랜드 가치를 높이는 것도 다 마케팅이다. 어쨌든 결국 판매를 촉진하고 이윤을 극대화하는 목적으로 하는 것이니 말이다.

오래된 마케팅의 역사만큼이나 다양한 마케팅 방법들이 쏟아지고 있다. 심지어는 무조건 알리고 보자는 배짱으로 기발함을 넘어 기괴한 방법들, 심지어는 눈살을 찌푸리게 하는 몰염치한 방법들까지 동원되고 있는 실정이다.

눈살을 찌푸리게 하는 방법에는 바겐세일이라는 것도 있다. 우리나라 백화점들의 대표적인 마케팅 수법으로 '특별할인'을 내세우는 것이다. 소비자를 위한 행사냐고? 천만에. 소비자를 교묘하게 우롱하는 수법이다. 원래 환절기에 철지난 상품 재고떨이를 하려고 시작된 것이 바겐세일이다. 이런 백화점 세일 기간에는 고객이 더 몰려서 다른 상품도 사게 되므로 백화점의 전체 매출이 오르니까 누이 좋고 매부 좋은 것이다. 그러나 소비자는 누이도 아니고 매부도 아닌 게 문제다. 소비자 입장에서는 우롱당하는 꼴이다. 어떤 손님이 겨울 코트를 100만 원에 샀는데, 친구는 똑같은 제품을 같은 백화점에서 바겐세일 기간에 50만 원을 주고 샀다고 자랑하는 것이다. 한두 달 차이로, 심지어는 며칠 차이로 이런 일이 벌어진다.

그런데 언제인지부터는 백화점 벽에 바겐세일 현수막이 연중으로 걸려 있다. 연례행사가 아니라 연중행사, 아니 상시행사가 되어버린 것이다. 어떻게 이런 일이 가능할까? '정가 뻥튀기기'라는 새로운 수법이 개발된다. 정가로 30만 원을 붙여야 할 상품에 50만 원을 붙이고선, 40% 바겐세일을 하는 것이다. 실상은 정가에 팔면서 말이다.

요즘 편의점에 가면 대형할인마트보다 더 싸게 살 수 있는 품목들이 꽤 있다. 이른바 1+1 또는 2+1 행사상품이다. 경쟁이 치열한 식음료 품목들을 본사에서 물량 밀어내기를 하느라 이런 식으로 바겐세일을 한다. 대형할인마트에서 상품을 묶음 단위로 파는 것도 가격을 희생하는 대신 물량을 밀어내는 수법이다. 소비자로서는 당장 1개만 필요한데도 고가품도 아니면서 먹는 거니까 싼 맛에 +1 상품을 사게 된다. 정상적인 판매보다 물량이 훨씬 빠르게 소진되니 본사야 휘파람을 불겠지만 담당 영업자나 가맹점으로서는 죽을 맛이지 싶다. 그러니 이런 식으로는 오래 가지 못할 것이다.

이런 게 다 품질이나 서비스가 아니라 가격으로 장난을 쳐서 판매하는 전형적인 수법이 되었다. 이제는 누구나 다 하는 거라서 당연하게 여겨져서 무슨 마케팅이라고 할 수도 없게 되었지만 말이다. 어떻게 보면 상도의랄까, 기업가 정신이랄까, 장사의 혼이 타락했다고 할 수 있지 않을까 싶다.

자긍심은 그냥 생기는 게 아니다

이쯤에서 조선의 거상 임상옥 얘기를 해보면 좋을 듯싶다. 임상옥은

19세기 전반기에 의주에서 활약한 인삼무역상으로 그가 "청나라에 가서 인삼을 팔고 와 은괴를 쌓으면 마이산만 하고, 비단을 쌓으면 남문 누각만 할 것"이라고 했을 정도로 대상이었다고 한다. 이 임상옥의 이야기를 작가 최인호가 소설로 쓴《상도》가 뜨자 TV방송에서 대하드라마로 만들어서 크게 히트시켰다. 거의 20년쯤 전의 일이다. 나도 그때 드라마를 거의 다 봤는데, 한 장면이 너무 강렬해서 지금도 잊히질 않는다.

청국 상인들이 담합을 통해 턱없이 낮은 가격, 그러니까 근당 100냥에 이르는 홍삼을 50냥까지 후려쳐서 사들이려는 음모를 꾸미자 임상옥은 그들을 불러다 놓고 이렇게 일갈한다.

"이 홍삼은 조선에서도 최상품인 천삼天蔘이오. 당신들이 이 홍삼의 가치를 무시하고 담합하여 터무니없는 값에 거래하려고 했소. 나는 이 홍삼의 가치를 인정받기 전엔 단 한 근도 거래할 수 없소!"

그러고는 조금의 망설임도 없이 훨훨 타는 불길 속에 홍삼을 던져 넣기 시작한다. 조선의 자존심인 홍삼을 가져와서 농간에 놀아나느니 차라리 죄다 불태워버리겠다는 결연한 의지를 보인 것이다. 설마 하던 청국 상인들은 사색이 되어 임상옥에게 굴복한다. 이미 불에 탄 손실분까지 떠안아 근당 200냥에 합의하고 임상옥의 분노를 겨우 가라앉힌다.

기적은 피나는 노력의 다른 말이다

몇 번을 다시 봐도 통쾌한 장면이다. 소설이니 허구라고 할 수도 있겠지만 기록에 따르면 실제로 있었던 일이라고 한다. 소설이라고 다 허구는 아닌 것이다. 이 정도의 의기와 배포가 있으니 당대 조선 제일의 거상이 되었을 것이다.

앞에서 독일의 국민기업 데엠의 경영철학을 얘기했다. 이 회사는 어떤 마케팅 행위도 하지 않는다. 어쩌면 데엠의 전략이 최고의 마케팅일 수도 있겠다. 이는 바로 동양사상에 맥이 닿아 있다. 노자의 무위이화無爲而化 사상이다. 일부러 애쓰지 않아도 저절로 이루어진다는 뜻이다.

무위라고 해서 아무것도 하지 않는다는 게 아니다. 본연의 할 바를 다할 뿐 쓸데없는 짓을 보태지 않는다는 뜻이다. 기업이라면 좋은 물건 힘껏 만들어서 정직하게 팔면, 그 밖에는 저절로 이루어질 테니 공연히 꾀부리지 말라는 얘기다.

전에 어느 방송에서 봤거나 책에서 읽은 기억이 있는데, 세상 풍파라고는 모르던 전업주부가 뜻하지 않게 식당을 열어 성공한 이야기다. 그는 어느 날 갑자기 남편이 출장 중에 사망하자 어린 아이들과 살아갈 일이 막막하다. 내세울 만한 재주가 있는 것도 아니어서 위로금과 보험금을 밑천 삼아 식당을 열기로 마음먹는데, 실패하는 날이면 길거리로 쫓겨날 판이었다. 불안감으로 잠 못 이루며 고민에 빠졌다.

결론은 100% 성공하는 수밖에 없다. '100% 대박 프로젝트'를 진행하려면 그만큼 철저한 준비가 따라야 한다. 그는 전국에서 제일 유명한 대박 가게 20곳을 선정하고, 한 곳당 15일씩 아르바이트로 일하면서 그 가게만의 노하우를 10가지씩 알아냈다. 문전박대를 당하기도 하고 온갖 설움을 겪지만 1년을 버틴 덕분에 내로라하는 전국 대박가게 노하우 200개를 손에 쥐게 된다. 거기서 추리고 추린 10개 노하우를 바탕으로 식당을 개업하여 대박을 친다. 그는 대박가게로 성공한 이후에도 새로운 대박가게를 찾아 배우는 걸 멈추지 않았다고 하니, 그의 대박 운도 멈추지 않을 것이다.

이런 경우를 두고 하늘은 스스로 돕는 자를 돕는다고 하는 거 아닐까.

8단
<u>리스크는 나눠</u> 담을수록 **좋다**

왜 계란을 한 바구니에 담지 말라고 했을까

"계란을 한 바구니에 담지 마라."

투자 세계에서 고금의 진리로 통용되는 말이다. 폭삭 망하는 리스크를 분산하기 위해 포트폴리오를 구성하여 투자하라는 말이다. 친구들 끼리의 술자리에서는 이를 빗대 "비자금을 한 통 속에 숨기지 마라"는 농담이 오간다고 한다. 그런데 비자금은 여러 군데 나눠 숨겨 놓으면 나중에 본인도 어디에 숨겨놓았는지 잊어먹는다는 게 문제다.

지금부터 40년 전이니 1981년인가에 노벨경제학상 수상자인 예일 대의 제임스 토빈 교수였다. '포트폴리오 이론'에 상을 준 것이다. 기자들은 아무래도 알쏭달쏭해서 쉽게 설명해달라고 부탁한다. 토빈은 생각 끝에 기발한 비유를 든다.

"여러분, 계란을 몽땅 한 바구니에 담아서는 안 됩니다. 만일 바구니를 떨어뜨리면 모든 것이 끝장이기 때문이지요."

다음 날 언론은 일제히 "토빈이 계란을 한 바구니에 담지 말라는 이론으로 노벨상을 수상했다"는 타이틀로 보도한다. 이때부터 널리 퍼진 말이다.

사실 포트폴리오 투자 개념은 토빈의 이론보다 더 오랜 역사를 갖고 있다. 2,000년도 더 된 옛날에 형성된 유대경전《탈무드》에 재산 관리 기법으로 나온다.

"모든 자산은 3등분하라. 그래서 3분의 1은 토지에, 다른 3분의 1은 사업에 투자하고, 나머지 3분의 1은 준비금으로 보유하라."

그래서 끊임없는 아이디어 창출과 기술혁신이 필요하다

기업 경영에서는 리스크를 어떻게 나눠 담을까?

기업은 상품을 생산해서 파는 곳이다. 그러니 상품 구성의 다양화를 통해 리스크를 분산할 수 있고, 또 원료를 사오는 구매처든 상품을 파는 판매처든 거래처의 다변화를 통해 리스크를 분산할 수 있을 것이다.

우리나라는 내수보다는 수출로 먹고 살다시피 한다. 그만큼 내수시장 규모가 작다. 그러니 판매처가 국내를 벗어나지 못하면 리스크를 분산하기가 그만큼 어렵다. 대규모 수출은 대기업 위주로 일어나고 있지만 작은 규모라면 해외시장 진출은 아직 많은 기회가 있다. 그렇게 미약하게 시작하더라도 수출은 판매처 다변화로 경영을 안정시키는 데 중요한 역할을 할 것이고, 꾸준히 바이어와의 신뢰를 쌓아가며 입지를 다지다 보면 중견기업을 넘어 대기업으로 성장할 수 있는 발판이 될 것이다.

상품 구성도 만찬가지다. 아무리 잘 나가는 상품이 있다 해도 그것이 한두 품목뿐이라면 리스크 분산 측면에서는 심각한 상황이다. 시장은 급변하고 소비자는 예측할 수 없을 만큼 변덕스러우니 말이다.

그래서 끊임없는 아이디어 창출과 기술혁신이 필요하다. 자기 회사 제품이 유행에 뒤떨어지거나 기술상 수명이 다해 시장에서 퇴출당하는 꼴을 앉아서 지켜보기 전에 스스로 나서서 정리해야 하는 거 아닐까 싶다. 그러려면 새로운 상품들이 계속 뒤를 받쳐줘야 한다. 이런 저력이 어디서 나오는지는 앞에서 다 얘기했다. 사람, 즉 직원들한테서 나온다고 말이다.

"계란을 한 바구니에 담지 마라"는 교훈을 한시도 잊지 않고 현진금속은 기술혁신과 새로운 제품 창안에 전력을 쏟아오고 있다. 주방용품 시장에서 탄탄한 기반을 다졌지만 신개념 군용 수통을 개발하는 것이라든지 적잖은 자본을 투입하여 최고의 코로나 게이트 개발에 힘을 쏟고 있는 것도 계란을 나눠담으려는 의지의 발로다. 물론 한 차원 더 높은 성장과 혁신기술 축적에도 목적이 있지만 말이다.

9단
최고의 **경쟁력**은 **혁신**에서 나온다

혁신에서 가장 중요한 것은 타이밍이다

　혁신이 뭘까? 새롭게 바꾸는 것이다. 말은 쉽지만 실제로 하려면 무척 어려운 일이다.

　몰라서 못하기도 하겠지만 알면서도 못하는 게 바로 혁신이다. 왜 그럴까? 용기가 없거나 안일함에 빠진 때문이다. 혁신을 감행하다 잘못되면 다 잃을 수도 있으므로 혁신에는 비상한 용기가 필요하다. 또 잘나가고 있을 때는 굳이 혁신이 필요 없다고 생각하기 쉽다. 현실에 만족하는 안일에 빠지는 것이 편한 것이다. 하지만 그런 안일한 현실이 언제까지 지속될까?

　사실 잘나가고 있을 때가 혁신 역량이 가장 클 때다. 내리막길로 곤

두박질할 때는 이미 늦다. 혁신의 호기好期를 놓친 것이다. 혁신에는 결단력과 추진력이 중요하지만 더 중요한 것은 타이밍이다. 타이밍을 놓치면 백약이 무효여서 비싼 대가를 치러야 한다.

"혁신하기 가장 좋은 때는 혁신이 가장 필요 없다고 생각될 때"라고 한다면, 어떤가?"

"혁신의 필요성은 혁신을 멈추고 있을 때 가장 다급해진다"고 하면 어떤가? 기업은 혁신을 먹고 산다고 할 정도로 기업의 경쟁력은 혁신에서 나온다. 전매나 독과점 시스템이 아닌 다음에야 혁신은 선택이 아니라 필수이고, '어쩌다'가 아니라 상시적이어야 한다. 치열한 경쟁 시장에서 혁신을 통한 차별화야말로 가장 확실한 경쟁력 아니겠는가.

혁신은 권위와 금기를 넘어서는 것이다

혁신의 아이콘으로 불리는 사람과 기업이 있다. 알다시피 사람은 스티브 잡스, 기업은 애플이다. 2007년에 온 세계를 열광시킨 아이폰을 출시하고, 2010년에 아이패드를 출시하면서 혁신의 아이콘이 되었다. 재빠르게 모방하여 스마트폰 비즈니스 경쟁 상대로 급성장한 삼성전자에게 어깨를 내주었지만, 특히 젊은이들을 매혹시킨 디자인에서만은 여전히 독보적이다.

애플의 혁신은 제품의 기능에만 구현된 게 아니다. 오히려 디자인에 애플 혁신의 핵심이 구현된 것이다. 사용자의 자연스러운 손동작에 최적화된 편리성, 눈을 즐겁게 할 정도로 세련된 단순성이 애플 디자인의 특징이다.

그런데 애플의 진정한 혁신 정신은 어떤 원칙이나 도그마에 갇히지 않는 유연성에 있다고 할 것이다. 창업자 스티브 잡스는 애플 그 자체라 할 만큼 애플에서의 존재감은 절대적이었다. 그가 2011년에 56세를 일기로 세상을 떠날 때까지 고집한 것이 아이폰의 사이즈였다. 창의성의 화신이 보인 의외의 고집이다. 미적 감각은 물론 최적의 사용 편의성과 휴대성을 고려하여 설정한 '잡스의 사이즈'는 그가 필생을 지켜온 철학이자 유훈遺訓이 되었다.

아마 다른 기업이었다면 '잡스의 사이즈'를 좀처럼 바꾸지 못했을 것이다. 그러나 잡스가 세상을 떠나면서 직접 지명한 애플의 새로운 CEO 팀 쿡은 많은 사람의 우려에도 불구하고 '잡스의 사이즈'를 버리고 아이폰의 크기를 확 키워버렸다.

어떻게 됐을까? 더 커진 아이폰은 불티나게 팔려나갔다. 시장 환경 변화에 따른 소비자의 니즈 변화를 간파하고 '잡스 사이즈'라는 절대 권위를 넘어 혁신을 감행한 덕분이다. 혁신의 아이콘이던 잡스가 팀

쿡이라는 인재를 알아보고 자신의 후계로 낙점한 것이 어쩌면 '신의한 수'가 된 것이다. 다른 평범한 사람이었다면 아마 잡스의 권위에발목이 잡혀 혁신의 기회를 놓쳤을지도 모른다.

혁신은 반드시 새로운 것을 만들어내는 데만 있는 게 아니다. 쿡처럼 아무리 높은 권위라도 넘어서는 것 역시 그것 못잖은 혁신이다.

혁신 없이는 미래도 없다

그래서 "혁신 없이 미래는 없다"고 한 것이다. '현대 경영의 발명자'로 불리는 피터 드러커의 말이다. 그는 기업 성장의 원동력으로 무엇보다 혁신을 강조했는데, 대표적인 사례를 보자.

1950년대 초, 패션 상품으로 유명한 뉴욕의 메이시 백화점에 비상이 걸렸다. 패션 상품 대신 생활용품을 사러 오는 손님이 갑자기 늘었기 때문이다. 70%에 이르던 패션 상품 매출이 급감한 반면 생활용품 비중은 60%에 이르렀다. '반갑지 않은 손님'들이 몰려든 것이다. 메이시에서는 패션 상품 판매 회복에 모든 역량을 집중하는 동시에 생활용품 매출을 줄이는 방안도 강구했다. 결과는 최악이었다. 양쪽 모두 고객을 잃은 것이다. 메이시가 패션 용품에 대한 집착을 버리고 주력 상품을 생활용품으로 바꾸는 결정을 하기까지는 이후 숱한 시행착오와 20년의 세월이 필요했다.

그런 반면에 블루밍데일 백화점은 메이시가 패션 상품을 고집하고 있는 동안 그런 기회를 적극 활용하여 '생활용품 전문 백화점' 이미지를 전면에 내세우고 새로운 고객집단에 초점을 맞추었다. 그런 덕분에 업계 선두 그룹으로 올라섰다.

드러커는 두 백화점의 사례를 들어 "새로운 기회가 왔는데도 혁신의 타이밍을 놓쳐버리는 어리석음"을 지적한다. 과거에 연연하는 관성 때문이다. 이때껏 해오던 것이 늘 '정상'이라는 망상 때문에 거기서 벗어난 것이면 뭐든 '비정상'으로 받아들이는 것이다. 하지만 예기치 못한 성공이야말로 혁신의 기본이 아니겠는가.

드러커는 혁신을 성공시키는 다섯 가지 원칙을 제시한다.

첫째는 기회 분석부터 시작하라는 것이다. 혁신은 그 기회의 원천부터 철저하게 분석하고 연구하는 데에서 시작되는 것이다.

둘째는 밖으로 나가서 고객을 만나라는 것이다. 밖으로 나가서 고객의 행동을 관찰하고, 고객에게 질문하고, 고객의 말을 경청해야 고객이 원하는 것을 알게 될 것이다.

셋째는 오직 한 가지에만 초점을 맞추라는 것이다. 타깃을 여러 개로 잡아서는 혁신에 성공할 수 없다. 그러니 만족시켜야 할 하나의 타깃에만 초점을 맞추어야 한다. 타깃이 여러 개인 복잡한 혁신은 예기치 못한 복병을 만나 좌초하기 쉽다.

넷째는 작게 시작하라는 것이다. 혁신에는 저항이 따르게 마련이다. 처음부터 너무 거창하게, 또는 너무 강력하게 나가면 그만큼 더 강력하고 집요한 저항을 자초하는 셈이다. 개구리를 길들이려면 물을 서서히 데워야 하는 이치와 같다. 그게 아니라도 처음부터 일을 너무 크게 벌이는 것은 지속하기가 어려워서 용두사미로 끝나기 쉽다.

다섯째는 확실한 목표로 주도권을 잡으라는 것이다. 어떤 혁신도 이루고자 하는 목표가 확실하지 않으면 그만 주도권을 놓치고 우왕좌왕하게 된다.

혁신은 철지난 영광을 버리는 것이다

그런데 앞에서 예로 든 메이시 백화점은 혁신가의 딜레마The

Innovator's Dilemma에 빠져 기회를 놓친 것이다.

'혁신가의 딜레마'란 우량기업이 신기술이나 신규 비즈니스 모델에 맞닥뜨리면 기존의 기술이나 비즈니스 모델을 완고하게 고수하면서 발 빠르게 변화하지 못하는 현상을 가리킨다. 경영학자 클레이튼 크리스텐슨은 대기업이 실패하는 이유를 바로 혁신가의 딜레마에서 찾는다. 기업의 전통적 사업의 고수와 단기적 성과에만 집착하여 장기적 전망이 밝은 새로운 사업을 포용하려 하지 않기 때문이라는 것이다.

대형 복사기 시장을 지키려다 데스크톱 복사기 시장을 놓친 제록스, 메인 프레임 컴퓨터 분야에 치중하느라 미니 컴퓨터 시장에서 뒤처진 IBM 같은 기업이 좋은 예다. 필름업계의 제왕으로 군림하던 코닥은 디지털카메라를 발명해 놓고도 필름 사업에서 나오는 이익을 포기하지 못해 머뭇거리다가 몰락했으니 혁신의 딜레마에 희생된 극적인 사례다. 반면에 아마존의 최고경영자 제프 베조스는 크리스텐슨의 책《혁신기업의 딜레마The Innovator's Dilemma》을 보고 감명을 받아 주저 없이 일대 혁신을 감행함으로써 오늘날 아마존을 거인의 반열에 올려놓았다.

크리스텐슨이 창안한 '파괴적 혁신'은 단순하고 저렴한 제품이나 서비스로 시장의 밑바닥을 공략한 후 빠르게 시장 전체를 장악하는 방식의 혁신을 말한다. 그는 일찍이 앞의 책에서 이 개념을 소개했는데, 비디오 · DVD 대여 사업으로 시작해 비디오 스트리밍 시장을 만들고 결국 시장을 장악한 넷플릭스, 지역 내 소규모 승용차 공유 사업에서 출발해 글로벌 자동차 승차 공유 산업을 일으킨 우버 등을 파괴적 혁신의 대표적인 기업으로 들었다.

혁신가의 딜레마에 빠진 대표적인 업종으로 언론사를 들 수 있다. 《거대 권력의 종말》을 쓴 미디어 전문가 니코 멜레는 일찍이 대형 언론사들이 기존의 수익 모델과 구조를 깨지 않으면 살아남을 수 없을 것이라고 경고했다. 그는 "〈뉴욕타임스〉의 디지털 혁신 리포트는 훌륭하지만, 그들은 수익의 80% 이상을 창출하는 종이신문을 버릴 수 없기 때문에 리포트대로 추진하지 못할 것"이라고 했다. 바로 이 발언에 혁신가의 딜레마가 발생하는 이유가 들어 있다.

"굉장히 뛰어나고 스마트한 리포트다. 하지만 〈뉴욕타임스〉가 그 리포트대로는 하지는 못할 것이다. 그대로 하려면 자기들이 가지고 있는 것을 다 죽여야 한다. 그게 바로 혁신가의 딜레마다. 뉴스의 미래가 되려면 종이신문을 죽여야 한다. 그런데 〈뉴욕타임스〉가 종이신문을 죽이겠는가? 대부분 임원들은 나이가 들었고, 신문 시대에 살았던 사람들이다. 그리고 뉴욕타임스 수익의 80% 이상이 종이 신문에서 나온다. 그래서 오갈 데가 없다. 그들은 어떻게 해야 하는지는 알고 있지만 그렇게 할 수가 없다."

현진은 오늘도 혁신 중이다

현진금속의 혁신을 말한다는 것이 얘기가 여기까지 흘러왔다. 현진은 이제껏 혁신으로 자리를 잡았고, 혁신으로 성장해왔고, 혁신으로 비전을 삼아 왔기 때문에 그동안 혁신에 대해 궁리하고 성찰한 바가 적지 않았다. 현진이 걸어야 할 길을 찾아가는 과정에서 교사로 삼거나 반면교사로 삼을 만한 기업 혁신 사례를 수소문해본 것이다.

현진은 이런 사례들을 바탕으로 말로만의 혁신이 아닌 현진의 모든 제품에 혁신을 구체적으로 구현해왔고, 코로나 사태로 위기를 맞았지만 그 위기를 오히려 기회로 삼는 혁신 마인드로 코로나 대응 제품 개발에 회사의 상당한 역량을 쏟아부었다. 위기가 진짜 위기로 회사를 덮치기 전에 선제 대응을 한 것이다. 혁신가의 딜레마에 빠지지 않으려는 노력이다.

누구라도 실패에 대한 두려움이 있게 마련이겠지만, 설령 실패하더라도 아무것도 하지 않고 앉아서 당하는 실패보다는 백번 낫지 않겠는가. 그래서 현진은 오늘도 혁신 중이다.

업계의 **모델**이 되어야
완주할 수 있다

지금 개발 중에 있어 곧 선보일 제품들도

다 뉴스가 될 만하다.

짧아도 5년, 길면 10년까지 누구도 모방할 수 없는

기술을 구현한 제품을 내놓으니까 말이다.

아무리 뛰어난 제품이라도 누구나 모방하여

만들어낼 때가 되면 경쟁력을 잃게 된다.

그걸 계속 고집하고 있으면 망하고 만다.

그래서 계속 혁신해야 한다.

한 발짝, 아니 반 발짝씩만 앞서가는 것이다.

너무 앞서 가면 시장이 없으니까.

코로나 시대,
일상을 **재발견**하다

일상이 새삼 소중하게 느껴질 때

사전은 일상日常을 '날마다 되풀이되는 보통의 일'로 풀이한다. 상常은 멈춤이 없고 변함이 없는 것을 말한다. 끼니때마다 밥을 먹는 것은 일상이지만 아침마다 산책을 한다면 산책도 일상이다. 멈추거나 변하기 전까지는 말이다.

우리는 어쩌다 생기는 '사건'에는 관심이 크지만 일상은 그저 무심히 흘려보내기 쉽다. 그래서 일상에서 얻을 수 있는 많은 것을 놓치고 산다. 앞에서 혁신과 창조를 말했는데, 곰곰이 살펴보면 우리 일상은 혁신과 창조의 보물창고다. 이런 보물창고를 외면하고 혁신과 창조를 밖에서만 찾으려 하니 쉽지 않은 것이다.

그런데 당연하게 누려온 우리의 많은 일상이 코로나 사태로 인해 멈추면서 일상에 대한 인식이 새삼 화두가 되고, 일상의 재발견이 유행처럼 번지고 있다. 일상의 고마움을 새롭게 느낀다는 사람들이 많아졌다고 한다.

코로나19의 창궐은 어쩌면 '블랙 스완Black Swan'이다. 도저히 일어날 것 같지 않은 일이 일어난 것이다. 블랙 스완은 18세기 오스트레일리아 남부에서 검은 고니가 발견되면서 생긴 용어로, 수천 년 동안 유럽인은 모든 고니는 무조건 희다고 여겨 백조白鳥로 불러왔지만 한 탐험가가 검은 고니를 발견한 후 통념이 깨지는 충격을 받은 데서 유래한다고 한다.

포스트코로나 세상은 어떻게 변할까

블랙 스완이 지나간 이후 포스트코로나 세상은 어떻게 변할까?

기존의 일상이 멈춘 자리에 새로운 일상이 돋아나고 있다. 일상이 바뀐다는 것은 세상이 코로나 이전과 이후로 나뉘는 대변혁을 겪는다는 의미다.

이 대변혁의 시기에 어떤 변화가 있을까?

첫 번째 변화는 '잃어버린 일상의 재현' 이다. 역사적으로 대재난 이후의 세상은 새로운 기술이 등장하고 세계에 대한 인식의 전환이 이루어졌다. 중국의 공장 가동률이 크게 떨어지고 서울 거리에 자동차가 줄어들자 파란 하늘이 다시 보이고 공기도 한층 상쾌해졌다. 한적해진 거리를 보면서, 또 출퇴근에 시달리지 않는 재택근무를 하면서 우리가 그동안 물질 문명의 바다에 빠져 얼마나 정신없이 살아왔는지 새삼 돌아보게도 한다.

푸른 하늘은 전에는 늘 보는 거라서 일상이었지만 어느 때부턴가 우리 일상에서 사라지고 그 대신 뿌연 하늘이 일상으로 왔다. '푸른 하늘' 이라는 잃어버린 일상을 다시 찾은 것이다. 얼마나 오래 갈지 모르지만 말이다.

두 번째 변화는 '가족의 회복' 이다. 우리는 그동안 서로 바쁘게 사느라 온 가족이 모여서 식사 한번 제대로 할 수 없었다. 사실 서로 얼굴 보기도 힘들 지경이었다. 말만 '가족이지 이걸 가족이라고 할 수 있겠는가' 싶을 정도였다. 물론 코로나 재난이 강제한 시간이지만 가족이 함께하는 시간이 늘어나면서 몰랐던 서로를 비로소 알게 되고, 가족 간의 사랑을 되찾았다는 '코로나의 역설' 을 증언하는 사람들이 적지 않다.

세 번째 변화는 '감사의 재발견' 이다. 그동안 당연하게 누렸던 것들이 얼마나 고마운 것들이었는지 새삼 느낀다는 것이다. 일상에서 누리는 일들은 날마다 되풀이되는 거라서 그저 당연하게 생각할 뿐 고맙다는 생각은 못하게 된다. 그런데 코로나로 인해 일상의 많은 부분을 상실하고 보니, 그것이 얼마나 소중하고 고마운 것이었는지 깨닫게 된 것이다. 밥 먹는 것, 걸어다니는 것도 감사해하고, 심지어 숨 쉬는 것조차 감사해하는 것이다.

앞에서도 얘기했지만 이런 일상에 보물이 숨어 있다. 그걸 찾으려면 일상을 재발견하는 안목을 틔워야 한다. 비결은 따로 없다. 관심을 갖는 것이다. 남이 그냥 지나치는 것에 관심을 갖고 관찰하는 것이다. 그럼 의문이 생겨난다. 당연하게 여겨온 것에 대한 의문에서 바로 혁신의 싹이 트는 것이다.

오늘날 현진을 있게 한 혁신 제품들도 다 '일상의 재발견' 으로 탄생한 것이다. 일상에서 사용되는 기존 제품을 수없이 뜯어보고 분석하면서, 시장에서 나가 소비자들의 얘기를 들으면서 혁신 포인트를 찾아낸 것이다.

사소한 차이가 쌓여
큰 차이를 만든다

사소한 일에 큰 기회가 들어 있다

누군가는 '성공한 사람에게는 특별한 것이 있다'고 하지만 나는 그 말을 믿지 않는다. 이 말을 곧이곧대로 믿은 나머지 아예 시도할 엄두조차 내지 못한 채 실패한 일이 얼마나 많을까. 만약 나도 이 말을 믿었다면 지금껏 아무것도 이루지 못했을 것이다. 내가 해보니까 아주 작은 차이, 즉 사소한 차이가 쌓여 결국 크나큰 차이를 만들어냈다. 앞에서 청소 얘기를 했다.

처음 화성스테인리스에 취직해서 매일 아침 다른 직원들보다 좀 일찍 출근해서 공장 안팎을 윤이 나도록 쓸고 닦고 정리했다는 그 얘기. 그냥 나 혼자 조용히 한 일이지만 나중에 직원들이 알고 나서도 대수

롭지 않게 여겼다. 오히려 쓸데없는 고생을 사서 한다고 핀잔을 주는 사람까지 있었다. 어쩌면 사장님한테 잘 보이려 그런다고 오해하는 사람도 있었을 것이다.

언뜻 보면 그건 아주 사소한 일이다. 물론 내가 그 일을 며칠 하다 말았거나 띄엄띄엄 보여주기 식으로 했다면 사소한 일로 그치고 말았을 것이다. 그러나 나는 그 사소한 일을 비가 오나 눈이 오나 바람이 부나 365일을 날마다 했다. 해가 바뀌어도 변함없이 즐거운 마음으로 그 일을 즐겼다. 그 시간이 하루 중 가장 즐거운 시간이었다.

'우리 회사의 문은 날마다 내가 처음 열고 가장 정갈한 모습으로 하루를 준비한다. 내가 우리 회사를 아끼는 마음이 회사 전체에 퍼져 우리 회사는 번창할 것이다.'

날마다 이런 마음으로 출근해서 청소를 하니, 어찌 기분이 상쾌하지 않을까. 또 그런 회사가 잘못될 리도 없을 것이다.

그릇의 크기는 사소한 것을 대하는 태도에 달려 있다

물론 나야 아직은 어디 내놓을 만큼 크게 성공한 기업가라고 할 수는 없지만 사소한 차이로 위대한 기회를 만들어낸 사람은 얼마든지 찾아볼 수 있다.

현대그룹을 창업한 정주영 회장은 매일 아침밥만큼은 온 가족과 함께 먹는 것을 철칙으로 지켰다고 한다. 새벽 5시면 어김없이 대가족을 한 밥상에 모아 아침식사를 했는데, 이 자리에서 자연스럽게 밥상머리 교육이 이뤄지고 가족의 유대감도 두터워졌다고 한다. 가족끼리 아침밥 같이 먹는 게 뭐 그리 대단한가 싶겠지만 하루도 빼지 않고 실천한다는 것은 사실 매우 어려운 일이다. 설령 사소하다 해도 경영학자들은 이구동성으로 그것이 현대그룹을 성장시키고 이끌어온 버팀목이었다고 평가한다.

그러고 보니, 이런 정주영 회장도 처음 쌀가게에 점원으로 취직하고부터 누가 시키지도 않았는데 매일 아침마다 일찍 나와 쌀가게를 말끔하게 청소했다고 한다. 그 작은 차이가 그를 최고의 기업가로 만들었지 싶다.

경영의 달인으로 불리는 잭 웰치는 평소에 늘 펜을 가지고 다니며 수시로 메모를 했는데, 그런 작은 습관이 그를 성공한 기업인으로 만들었다고 한다. 실제로 죽어가는 공룡이던 GE의 경영을 맡아 수술대 위에 올린 아이디어도 식사 도중 냅킨에 적은 메모에서 착안한 것이라고 한다.

미래학자 앨빈 토플러는 아침마다 대여섯 종의 신문을 읽는 것으로 하루를 시작했고, 미국 대통령을 지낸 빌 클린턴은 대학생 시절부터 인물 노트를 만들어 그날 만났던 사람들의 이름과 특징 등을 기록해 놓고 밤마다 머릿속에 되새겼다고 한다.

성서에 '그 시작은 미약하나 끝은 창대하리라' 는 구절이 있는데, 각도에 비춰보면 분명해질 것이다. 각도가 벌어지는 시작점의 1도 차이는 아주 작지만 1도 각도의 두 선을 길게 그어가다 보면 엄청난 거리로 벌어진다.

호미를 아끼면 포크레인도 소용없게 된다

지금껏 알아본 대로 작은 차이 하나가 아주 큰 차이를 만들고, 사소한 습관 하나가 위대한 결과를 낳는다는 건 많은 성공한 사람들이 증언하는 바다. 그런데 아주 작은 일이 걷잡을 수 없이 큰 일로 번진다는 데서도, 작은 차이가 주는 파급력을 볼 수 있다.

우리는 쓰레기를 수거하는 차가 오는 날에 맞춰 쓰레기를 지정된 장소에 내다놓는다. 그런데 지정 장소가 아닌 곳에 누가 모르고 쓰레기를 하나 놓아두면, 순식간에 쓰레기가 쌓이고 만다. 왜 그럴까? 그곳이 지정된 장소가 아니라는 걸 아는데도 이미 쓰레기가 버려져 있으면 아무 거리낌이 없게 되는 심리 때문이라고 한다. 누구든 깨끗한 곳에 쓰레기를 처음 버리려면 양심에 거리끼는 제어장치가 작동하지만 두 번째, 세 번째라면 자기 책임이 아니라고 손쉽게 면피하는 심리다. 아주 작은 차이다. 내가 첫 번째는 아니라는 그 작은 차이에 사태가 건잡을 수 없이 커지는 것이다.

이런 현상을 범죄학자 제임스 윌슨과 조지 켈링이 제시한 '깨진 유리창의 법칙' 이라고 한다. 유리창처럼 사소한 것도 깨진 채로 방치하면, 나중에는 큰 범죄로 이어진다는 범죄심리학 이론에서 나온 것이다.

가령, 건물 주인이 건물의 깨진 유리창을 그대로 방치하면, 행인들은 그 건물을 버려진 건물로 여기고 돌을 던져 나머지 유리창까지 모조리 깨뜨리게 되고, 나아가 그 건물에서는 범죄가 일어날 확률도 높아진다는 이론이다.

이 이론을 뒷받침하는 실험이 있다. 구석진 골목에 두 대의 차량을 보닛이 열린 채로 주차해두고, 그 중 한 대만 앞 유리창을 깨놓았다. 일주일이 지나서 보니 유리창을 깨놓지 않은 차는 멀쩡한 반면에 유리창을 깨놓은 차는 폐차해야 할 만큼 심하게 파손되어 있었다. 이런 이론을 뉴욕시 지하철 운영에 반영하여 실제로 효과를 보았다고 한다. 1980년대 당시 뉴욕의 지하철은 불결한데다가 치안이 형편없기로 악명이 높았는데, 낙서를 모두 지우는 등 지하철 내부 환경 정화작업을 벌이자 덩달아 범죄도 크게 줄었다고 한다.

기업에서 우러러볼 존재는 직원이다

기업 활동도 그와 다르지 않다고 생각한다. 사소하다고 여겨 지나쳐 버린 미세한 틈이 결국 크게 벌어져서 결국 사업에 치명타를 입히는 일이 흔하다. 잘나가던 사업이 하나의 잘못으로 인해, 그것도 아주 사소한 잘못 하나가 입방아에 오르내리면서 고객이 하나둘 떠나가고 이내 망할 수 있다는 얘기다.

그래서 우리 현진은 아무리 사소해 보이는 일이라도 가볍게 여기지 않으려고 노력해왔다. 특히 직원의 의견이라면 어떤 것도 허투루 흘려듣지 않는다. 또 직원에 관한 것이라면 각별히 챙기려고 노력한다. 다른 일이야 실수로 한 번 어긋나더라도 바로잡는 게 아주 어렵지 않지만 사람의 마음은 한 번 돌아서거나 오해가 생기면 되돌리기가 하늘의 별 따기만큼이나 어려우니 말이다.

처음의 그 작은 차이는 쉽게 눈에 띄지도 않고 알아차리기도 어렵다. 겸손하고 진실한 마음이 있어야 비로소 더 늦기 전에 볼 수 있고 알아차릴 수 있다.

좋은 과정이
좋은 결과를 낳는다

인생의 날들은 다 과정이다

먼저 생각해볼 문제가 있다. 인생은 과정일까, 아니면 결과일까?

만약 인생이 결과라고 치면 세상은 어떻게 될까? 무법천지에 약육 강식의 밀림이 되지 않을까 싶다. 수단을 가리지 않고 결과만 내면 되니까 말이다. 인생이 결과라면 더욱 끔찍한 것은, 만족할 줄 몰라서 행복을 느낄 새도 없을 것이라는 사실이다. 아무리 좋은 결과를 내도 그것 역시 더 큰 결과를 얻기 위한 수단에 불과하므로 영영 만족할 수 없게 될 것이다. 그렇다면 어떻게 행복해 질 수 있을까.

인생이 결과라면 사랑도 결과일 것인데, 그게 과연 사랑일까? 어떤 사람이 내 마음에 드니까 무조건 그를 내 사랑으로 만들면 그만이라면, 그게 폭력이지 어디 사랑이라고 할 수 있을까 싶다.

그렇다면 인생은 과정일 것이다. 살아가는 순간순간이 다 삶일 것이다. 그 순간순간이 행복해야 인생이 행복한 것이고, 그러려면 그 과정이 정당하고 사랑스러워야 하지 않을까 싶다. 인생은 결과가 아니라 과정이라는 걸 잘 보여주는 일화가 있다.

하버드경영대학원의 저명한 교수가 멕시코의 조용한 해안마을로 휴가를 갔다. 고기잡이를 나갔다가 점심 전에 돌아와 배에서 장비를 거두곤 하는 한 어부를 며칠 지켜보던 그는 어부에게 조언을 해주어야겠다고 생각하고 다가가 인사를 건넸다.

"안녕하시오! 그런데 왜 날마다 이렇게 일찍 고기잡이를 끝내는 거요?"

선량해 보이는 어부가 대답했다.

"우리 식구가 실컷 먹고도 팔아서 쓸 만큼은 남아서 일찍 끝내는 겁니다. 이제 집으로 가서 아내와 점심을 먹고, 오후에는 잠깐 낮잠을 잔 뒤 아이들과 놀 겁니다. 저녁에는 바에 가서 한잔 하면서 친구들과 기타 연주를 할 거예요. 나는 이것으로 충분해요, 선생님."

그러자 교수가 말했다.

"내 말을 잘 들어보시오. 오후 늦게까지 일하면 당신은 지금보다 두

세 배나 많은 물고기를 잡아 상당한 돈을 모을 수 있을 겁니다. 그러면 일 년 안에 지금보다 더 큰 어선을 사서 물고기를 더 많이 잡아 큰돈을 벌 수 있어요. 이렇게 계속하면 10년 안에 큰 어선 회사를 갖게 될 것이오. 그러면 이윽고 억만장자가 될 것이고요."

어부는 교수가 열정적으로 조언하는 말을 진지하게 경청했다. 교수가 말을 마치자 어부가 물었다.

"하지만 선생님, 억만장자가 되면 나는 무엇을 할 수 있을까요?"

그러자 교수가 회심의 미소를 띠며 대답했다.

"그러면 당신은 언제든지 은퇴할 수 있지 않겠소. 퇴직해서 아무 걱정 없이 삶을 즐기는 거요. 이곳과 같은 그림 같은 해안마을에 별장을 한 채 사고, 아침이면 낚시를 즐길 수 있는 작은 배를 한 척 사는 거요. 날마다 아내와 점심을 함께 먹고 낮잠도 즐기고 아이들과 시간을 보낼 수도 있으며, 저녁을 먹은 뒤에는 바에 가서 좋아하는 술을 시켜놓고 친구들과 기타를 치며 즐거운 시간을 가질 수 있소. 억만장자, 아니 백만장자만 돼도 당신은 퇴직해서 편히 살 수 있소."

그러자 어부가 고개를 갸우뚱하며 말했다.

"하지만, 선생님, 나는 이미 그렇게 살고 있는데요."

라틴어에 '카르페 디엠 Carpe diem**' 이 있는데 "이날**이 순간을 잡으라**즐**

기라"는 뜻이라고 한다. 오늘을 충실하게 보내라는 얘기다. 로마의 풍
자시인 호라티우스의 시 〈오데즈 Odes〉에 나오는 구절인데, 영화 〈죽
은 시인의 사회〉에서 키팅 선생님이 학생들에게 들려준 경구로 등장
하여 대중에게 알려졌다고 한다.

여기서 말한 날들은 다 오늘이고, 그 순간들은 결과가 아니라 다 과
정이다. 그러니 인생은 사는 과정이고, 죽음은 그 과정의 끝에 놓인 점
이다. 그렇다면 모든 것은 과정이 좋아야 한다. 물론 결과야 좋을 수도
있고 안 좋을 수도 있지만 결과가 좋으려면 과정이 좋아야 한다는 것
만은 틀림없다.

종종 과정은 좋지 않은데 요행으로 좋은 결과를 얻는 경우도 있을
것이다. 하지만 그건 오래가지 못하는 사상누각으로, 햇살에 스러지
는 이슬 같은 거 아니겠는가.

뉴 노멀 시대의 핵심은 혁신이다

결과지상주의 시대가 가고 과정이 중시되는, 바야흐로 뉴 노멀New
Normal시대다. 이전에는 비정상으로 여겨졌던 현상과 개념이 점차 보
편성을 얻어 정상이 되는 것을 '뉴 노멀'이라고 한다. 뉴 노멀이 등장

하면 기존의 노멀은 올드 노멀Old Normal로 퇴색된다. 세상이 새로운 패러다임으로 재편되면서 바뀌는 것이다.

제품을 생산하는 공장만 해도 그래요. 우리 현진이 '스마트 공장' 구축을 위해 노력하고 있는 것처럼 다른 공장들도 모두 스마트해져가고 있다. 스마트 공장은 4차 산업혁명 의 기반이자 필수조건이다. 따라서 제조업의 경영철학이 결과 중심에서 과정 중심으로 변화하고 있다.

'노력하면 반드시 결과는 따라온다!' 는 표어는 이미 올드 노멀이다. 결과만 좋으면 과정은 무시됐던 시대의 사고가 곧 올드 노멀인 것이다.

우리나라 경제도 여느 선진국들과 마찬가지로 성장으로 버티던 시절은 이미 지나갔다. 그러니 제조업의 전략이 '성장' 에서 '혁신' 으로 변화되어야 한다. 성장 신화에서 벗어나야 한다는 얘기다. 혁신만이 시장에 대한 '대응력을 키우는 길이다. 그래서 현진도 기-승-전-혁신을 외치고 실행한다. 뉴 노멀의 핵심도 바로 혁신이지 않을까?

현진이 만들면
뉴스가 되는 이유

현진은 날마다 새로울 것을 궁리 한다

왜 현진이 만들면 뉴스가 될까? 새롭기 때문이다. 혁신을 모토로 내건 기업이니만큼 내놓는 제품마다 처음 보는 혁신 제품이니 뉴스가 될 수밖에.

프라이팬frypan 하나만 해도 현진의 첨단기술이 겹겹으로 구현되어 있다. 그저 납작한 철판에 고기 구워 먹을 수만 있으면 그만이지 프라이팬에 무슨 첨단기술 운운하느냐고 하겠지만 그게 그렇지가 않다.

현진의 프라이팬은 우선 판 자체가 통3중 구조스테인리스-알루미늄-스테인리스로 되어 있고, 표면에는 무독성 친환경 세라믹, 황토, 숯이 겹겹이 코팅되어 있다. 다양한 성능 테스트를 통해 어떤 중금속도 검출되지 않은 안전성을 확보했고, 무려 20만 회에 걸친 내마모성 시험에서도 바탕 소재가 드러나지 않을 만큼 열에 강한 내성을 보였다.

세라믹-황토-숯의 3중 코팅이 열손실을 최소화하고 99.9%의 항균 효과를 내는 것도 확인했다. 통3중 구조로 된 판은 열을 빠르고 고르게 전달하고 잘 보존하는 기능을 갖췄다. 이런 기술이 현진이 만드는 모든 주방 열기구에 구현되어 있어, 건강하고 알뜰한 주방 문화를 창출해가고 있다.

왜 현진이 만들면 뉴스가 되는지 프라이팬을 예로 들었지만, 이미 출시되어 인기리에 판매되고 있는 주방용기나 물 저장장치 등도 출시 당시에는 다 뉴스가 되어 화제를 모은 제품이다.

지금 개발 중에 있어 곧 선보일 제품들도 다 뉴스가 될 만하다. 짧아도 5년, 길면 10년까지 누구도 모방할 수 없는 기술을 구현한 제품을 내놓으니까 말이다. 아무리 뛰어난 제품이라도 누구나 모방하여 만들어낼 때가 되면 경쟁력을 잃게 된다. 그걸 계속 고집하고 있으면 망하고 만다. 그래서 계속 혁신해야 한다. 한 발짝, 아니 반 발짝씩만 앞서가는 것이다. 너무 앞서 가면 시장이 없으니까.

사회적 문제를 해결하는 데 중점을 둔 제품

지난 2020년 12월 14일자 〈경인일보〉에도 현진금속의 야심찬 혁신 제품 하나가 뉴스로 실렸다. '코로나게이트' 개발을 비롯한 현진의 혁신 제품들에 관한 기사다.

QR코드·발열 체크·소독… '원스톱 해결'

Star to Global
경기도 스타기업, 세계 향해 혁신

>15< 현진금속 '코로나게이트' 개발

FDA인증 살균수 체형맞게 분사
신속·안정·지속가능성 중요 판단
사회적 문제 해소 중점두고 개발

식당을 방문하면 가장 먼저 스마트폰을 꺼내 QR코드를 생성한다. 식당 출입구에 마련된 태블릿PC에 QR코드를 댄다. 출입등록이 완료되면 체온을 측정한다. 이어 손 세정제로 소독을 마쳐야 비로소 출입이 가능하다. 현진금속은 이 모든 과정을 한 번에 해결할 수 있는 제품을 개발했다. 바로 '코로나게이트'다. 코로나게이트에 입장하면 미국 FDA(식품의약국) 인증을 받은 살균수가 성인과 아동, 휠체어탑승자 등의 키를 고려해 그 특성에 맞게 분사된다. 마스크를 쓰지 않거나 체온이 높으면 입장 자체가 불가능하다. 신속성도 중요하지만 그만큼 안정성과 지속가능성이 중요하다는 판단에 제품 개발 뒤에도 3개월 동안 테스트 과정을 거쳤다는 게 현진금속의 설명이다.

현진금속은 사회적 문제를 해결하는 데 중점을 두고 제품을 개발해왔다. 지난해 '붉은 수돗물' 사건이 발생하자 수도용 여과기 개발을 시작한 게 대표적인 예다. 수도용 여과기에 마스크보다 더 촘촘한 필터를 넣어 수도계량기에 설치할 수도록 했다. 샤워기 등 개별 제품에 필터를 부착하는 방식이 아니라 아예 처음부터 수돗물이 들어오는 수도계량기에 설치할 수 있도록 해 집 안에서 사용하는 모든 수돗물에 녹물이 없도록 한 것이다.

현진금속은 주력 무기인 스테인리스를 바탕으로 다양한 영역으로 사업을 확장하고 있다. 스테인리스는 플라스틱, 유리보다 균이 덜 번식한다. 가습기, 정수기 등 물을 담는 제품에 필수적으로 쓰이는 이유다. 현진금속은 음식물을 확인할 수 있는 스테인리스 용기를 5년 전 개발했다. 이 제품은 중소벤처기업부

에서 선정하는 혁신 중소기업 제품 인증 브랜드인 '브랜드K'에 선정되기도 했다. 올해는 아마존에도 진출을 내밀었다.

현진금속이 개발한 코로나게이트는 이용자의 신체를 고려해 미국 FDA 인증 살균수가 분사된다는 특징을 갖고 있다. /현진금속 제공

홍종국 현진금속 대표는 "코로나게이트는 코로나19가 본격화된 지난 2월 개발을 시작했다. 이후 3개월간 시험 과정을 거쳐 이제 상용화를 준비하고 있다"면서 "너무 늦었다는 사람들도 있지만 불량률이 적은 제품, 코로나19 이외 다른 세균에도 효과적인 제품을 만드는 게 중요하다고 생각했다"고 말했다. /남국성기자 nam@kyeongin.com

※해당 기업은 경기도·경기도경제과학진흥원의 스타기업 육성사업 대상에 선정돼 관련 지원을 받고 있습니다.

〈출처: 경인일보 2020.12.14.〉

식당을 방문하면 가장 먼저 스마트폰을 꺼내 QR코드를 생성한다. 식당 출입구에 마련된 태블릿PC에 QR코드를 댄다. 출입등록이 완료되면 체온을 측정한다. 이어 손 세정제로 소독을 마쳐야 비로소 출입이 가능하다.

현진금속은 이 모든 과정을 한 번에 해결할 수 있는 제품을 개발했다. 바로 '코로나게이트' 다. 코로나게이트에 입장하면 미국 FDA식품의약국 인증을 받은 살균수가 성인과 아동, 휠체어탑승자 등의 키를 고려해 그 특성에 맞게 분사된다. 마스크를 쓰지 않거나 체온이 높으면 입장 자체가 불가능하다.

신속성도 중요하지만 그만큼 안정성과 지속가능성이 중요하다는 판단에 제품개발 뒤에도 3개월 동안 테스트 과정을 거쳤다는 게 현진금속의 설명이다.

현진금속은 사회적 문제를 해결하는 데 중점을 두고 제품을 개발해왔다. 지난해 '붉은 수돗물' 사건이 발생하자 수도용 여과기 개발을 시작한 게 대표적인 예다.

수도용 여과기에 마스크보다 더 촘촘한 필터를 넣어 수도계량기에 설치할 수 있도록 했다. 샤워기 등 개별 제품에 필터를 부착하는 방식이 아닌 아예 처음부터 수돗물이 들어오는 수도계량기에 설치할 수 있도록 해 집 안에서 사용하는 모든 수돗물에 녹물이 없도록 한 것이다.

현진금속은 주력 무기인 스테인리스를 바탕으로 다양한 영역으로 사업을 확장하고 있다. 스테인리스는 플라스틱, 유리보다 균이 덜 번식한다. 가습기, 정수기 등 물을 담는 제품에 필수적으로 쓰이는 이유다.

현진금속은 음식물을 확인할 수 있는 스테인리스 용기를 5년 전 개발했다. 이제품은 중소벤처기업부에서 선정하는 혁신 중소기업 제품 인증 브랜드인 '브랜드K' 에 선정되기도 했다. 올해는 아마존에 도전장을 내밀었다.

작은 거인을 꿈꾸는 현진의 길

기독교 성서에 보면 "내가 곧 길이요 진리"라는 예수 말씀이 나온다. 물론 보통 사람들이 걷는 길을 예수의 길에 비견할 바는 아니지만 길이란 원래부터 정해져 있던 게 아니라 누군가 걸어야만 비로소 길이 된다는 의미에서는 먼저 걸어서 길을 내는 것이 중요하다. 그렇게 먼저 걸어서 없던 길을 내는 사람을 흔히 선구자라고 한다.

현진은 비록 중소기업이지만 자기 분야에서만큼은 선구자의 길을 가고자 한다. '작은 거인'이 되고자 하는 것이다. 꿈이 너무 큰가? 그럼 루쉰의 소설 〈고향〉의 마지막 구절을 다시 읽으며 현진의 꿈을 다시 확인한다.

나는 생각했다.

희망이란 것은 있다고도 할 수 없고, 없다고도 할 수 없다.

그것은 마치 땅 위의 길이나 마찬가지다.

원래 땅 위에는 길이란 게 없었다.

걸어가는 사람들이 많아지면 그게 곧 길이 되는 것이다.

위기를 오히려
성장의 기회로 삼다

위기와 기회는 동전의 양면이다

지난 2020년 한 해는 모든 순간이 내내 전례 없는 위기였고, 삶의 방식 자체를 근본부터 바꾸는 것이 시대의 요청이 되었다.

코로나 팬데믹에 따른 주요 수입국의 봉쇄 조치로 수출 기업의 생산라인이 멈추고 국제 유통망이 폐쇄되면서 글로벌 경제는 한 치 앞도 가늠하기 어려운 위기에 봉착했다.

해가 바뀌도록 국내 기업 절반은 새해 경영 계획 초안조차 짜지 못했고, 계획을 세운 기업도 절반 이상은 투자나 채용을 올해보다 줄일 것이라고 한다.

위기에 대응하는 나름의 방책이라고 하겠지만, 직원을 해고하여 경상비를 줄이고, 새로운 투자를 보류하거나 취소하는 등의 대응은 방책이랄 것도 없이 누구나 할 수 있는 손쉬운 조치다. 이런 소극적인 대응은 재난이 초래한 장기간의 위기 국면에서는 오히려 몰락을 재촉하는 악수가 되기 쉽다.

더구나 기업보다 더욱 심각한 위기에 처한 개인을 생각하면 안타까운 일이다. 그러나 위기를 오히려 기회로 삼아 한 단계 도약하려는 기업들의 움직임도 보인다. 이런 기업들은 잠깐은 재정상 더 어려워질 수도 있겠지만 결국 더 큰 기회를 잡아 눈부시게 비상할 것으로 믿는다.

우리나라 대기업을 예로 들면, LG전자가 세계 3위 자동차부품 기업캐나다의 마그나인터내셔널과 전기차 파워트레인동력전달장치을 생산하는 합작법인을 설립한 것, 현대자동차가 로봇 개발 분야의 선두기업미국의 보스턴 다이내믹스을 인수하여 신사업 개척에 나선 것, SK하이닉스가 인텔의 낸드플래시 사업 부문을 인수하여 부가가치와 사업 확장성을 높인 것 등이다.

상대방이 나의 기회가 될 때가 있다

이스라엘의 역사학자 유발 하라리는 출세작인 《호모 사피엔스》로 우리나라에서도 유명해진 사람이다. 그는 근래에 내놓은 《21세기를 위한 21가지 제언》에서 오늘날과 같은 불확실성에 관해 말한다.

"뿌리째 흔들리는 불확실성의 세계에서 변화만이 유일한 상수이며, 무엇보다 중요한 것은 변화에 대처하고, 새로운 것을 학습하며, 낯선 상황에서 회복탄력성을 유지하는 능력이다."

기업 역시 끊임없는 학습과 변화만이 생존을 위한 유일한 대안일 수밖에 없다. 지금껏 내가 우리 현진의 사례를 들어 강조한 혁신, 바로 그 혁신만이 번영 이전의 생존을 위한 대안이라는 것이다. 그 혁신만이 새로운 기회를 창출할 수 있기 때문이다.

그런데 위기는 상대방이 주는 기회로 만들어주는 측면도 있다. 전쟁에서는 상대방, 즉 적이 분명하게 보이지만 비즈니스에서는 적이 잘 보이지 않을 수도 있다. 그러나 보이지 않을 뿐 적은 분명히 있다. 실은 보이지 않는 적이 더 위험하다. 보이지 않으니까 아예 없다고 착각할 수도 있고, 있는 줄 알더라도 대응하기가 어렵다.

그럼, 나의 위기를 상대방이 기회로 만들어준다는 건 무슨 얘길까?

그건 임진왜란의 영웅 이순신 장군을 예로 들면 좋겠다. 이순신의 조선 수군은 임진왜란과 정유재란 중에 숱한 전투를 치러 연전연승했지만 그 중에서도 전쟁을 끝낼 만큼 결정적인 타격을 가한 전투는 명량해전이라고 한다. 또 이때가 이순신의 조선 수군에게는 가장 큰 위기였다고도 한다. 가장 큰 위기 가운데서 오히려 가장 큰 승리를 거두다니, 비결이 뭘까?

왜적의 반간계反間計에 걸려든 조선 임금이 이순신을 옭아매어 대역죄로 다스리는 동안 원균이 지휘권을 넘겨받은 조선 수군은 괴멸되어 근거를 잃고 만다.

자중지란自中之亂을 사주하여 이순신을 제거하고 조선 수군까지 괴멸시켜 두려울 게 없어진 왜적이 다시 쳐들어오니, 정유재란이다. 이순신이 설령 살아남아 복귀하더라도 이미 사태는 돌이킬 수 없게 되었다는 것이 왜적의 판단이었다.

왜의 수군은 330여 척의 정예군단, 조선의 수군은 12척의 오합지졸. 아예 상대가 되지 않는 형국이라서 적이 방심한 것이다. 방심하지 않는 것이 오히려 이상할 정도다. 바로 적의 방심이 절망적인 위기에 놓인 이순신에게 기회를 준 것이다.

물론 이순신이 적극적으로 기회를 만드는 노력을 기울였으니 적의 방심도 기회로 작용한 것이지만, 적의 방심이야말로 이순신이 승리하는 결정적인 요인이 된 것 아닐까 싶다.

그때 조선 수군의 눈에 보이는 전력이 왜군의 절반, 아니 3분의 1만 되었어도 왜군은 결코 방심하지 않았을 것이다. 상대가 이순신이니까. 그러나 겨우 12척에 오합지졸. 천하의 이순신이라도 그걸로 뭘 어쩌겠느냐는 당연한 자만심이 방심을 부른 것이다.

위기는 방심을 먹고 자란다

기업 활동에서도 방심은 금물이다. 그보다 큰 적은 없으니까. 방심하면 위기를 기회로 삼기는커녕 아예 위기인지도 알아채지 못하게 된다. 안심하고 안주하게 된다.

물이 천천히 데워지는 냄비 속의 개구리, 천천히 녹아내리는 빙산 위의 펭귄처럼 위기를 위기로 느끼지 못하는 불감증에 빠져 위기를 방치하게 된다.

하버드대학 사상 최연소 교수 출신이자 경영자인 존 코터는 변화관리 전문가이기도 하다. 그는 '변화는 가장 확실한 방법은 변함없이 변화를 추진하는 것' 이라는 당연한 명언을 남기기도 했는데, 근래에 번역 출간된《빙산이 녹고 있다고?》에서 위기에 따른 변화 관리에 관한 통찰을 펭귄의 우화로 풀어주고 있다.

빙산은 내가 믿고 의지하는 가족, 내가 다니는 안정적인 직장, 매출을 책임지는 캐시카우cash cow, 안정적인 수익원 등 언제나 그곳에 있으리라 믿었던 것들을 말한다. 누구에게나 위기는 닥칠 수 있고, 어느 조직이나 붕괴될 수 있는데, 그것을 알아채지 못하고 현실에 안주한다면 빙산은 녹아버리고 말 것이다.

이곳 빙산에 사는 펭귄들은 삶의 터전인 빙산이 녹고 있는 위기 가운데에서도 희망을 잃지 않고 스스로 운명에 당당히 맞선다. 나의 빙산이 무엇이든 그것이 어떤 위험에 처했든, 중요한 것은 내가 그것을 알아채고 변화해야 한다는 것이다. 변화를 멈춘 조직이나 유기체는 현상을 유지하는 것이 아니라 실은 죽어가는 것이다.

변함없이 변화하는 것. 그게 말처럼 쉽지는 않겠지만 어쩌겠는가. 그것만이 살 길인데.

소비자의 마음을 사로잡는
현진금속의 제품들

현진금속은 코로나19 발생 초기에

즉각 바이러스 감염을 예방할 수 있는

첨단 시스템 개발에 들어갔다.

무엇보다 '바이러스 제로virus zero' 를 내걸고

AI인공지능 기술을 적극 활용한

현진의 '바이제로 시스템Vi-ZERO System' 은

다양한 옵션으로 개발했으며,

최고의 편리성과 안전성을 담보한

첨단 기능을 구현한 것으로 자신한다.

1. 최첨단 기능을 구현한
AI 감염 예방 시스템

포스트 코로나에 대비한 현진의 대표 제품들

 앞에서도 얘기했지만 현진금속은 사회적 문제를 해결하는 데 기여하는 제품에 큰 관심을 갖고 관련 기술 개발에 상당한 자본을 투자해 왔고 계속 투자할 예정이다.

 설립 당시부터 자연환경과 인체건강 문제에 크게 관심을 가진 현진금속은 제품 개발 시에도 맨 먼저 환경과 건강을 고려하여 소재를 선택하고 아이디어를 선별하여 채택했다. 바로 그 첫 작품이 친환경 주방용품이다.

 그런데 2019년 말에 뜻하지 않게 코로나19 바이러스가 발생하여 이듬해 내내 유행하고도 현재까지 진행 중이다. 그런데 감염 여부를 판단하는 데 사람이 직접 대면하여 체온을 재거나 명부를 작성하는 사후약방문식 대처를 하고 있어서 감염 노출 위험은 물론 인력 손실도 컸다. 나중에 관공서를 비롯한 일부 건물에서 자동으로 열을 감지하는 '코로나 케이트'를 설치하긴 했지만 그 기능이 단순하고 허점이 많아 예방방역 기능이 충분하지 못했다.

그래서 우리 현진금속은 코로나19 발생 초기에 즉각 바이러스 감염을 예방할 수 있는 첨단 시스템 개발에 들어갔다. 무엇보다 '바이러스 제로virus zero'를 내걸고 AI인공지능 기술을 적극 활용한 현진의 '바이제로 시스템Vi-ZERO System'은 다양한 옵션으로 개발했으며, 최고의 편리성과 안전성을 담보한 최첨단 기능을 구현한 것으로 자신한다.

Vi-ZERO AI GATE SYSTEM

[AI 감염 예방 게이트의 개발 동기 및 의의]

미세먼지로 시작된 환경 이슈와 코로나19 유행을 계기로 종합적인 감염 예방 시스템의 필요성이 절실하게 되었다.

건물 출입에 대한 기존의 일반적인 감염 예방 조치는 마스크 착용과 손 소독제 비치 수준이며, 특별한 경우에도 열화상 카메라 설치, 모니터링 요원에 의한 체온 측정에 머물고 있다. 코로나19는 전파력이 워낙 강해서 이 정도의 예방 조치로는 크게 부족한 탓에 한층 효과적인 시스템이 요구된 것이다.

그래서 현진금속은 코로나19에 대한 대응은 물론 코로나19 종식 이후에도 시스템을 계속 사용할 수 있도록 실내 환경 모니터링, 보안, 실내먼지 저감 기능까지 갖춘 최첨단 시스템을 개발하였다.

_ 바이제로 게이트 3종 개발 제품

[바이제로 AI 감염 예방 게이트의 특징]

살균수 공급장치
플라즈마 살균수처리로 화학약품없이
살균된 물로 미세분사 합니다

정확하고 빠른 체온측정
대기시간 없는 체온측정
마스크 착용 여부확인

AI안면인식
여러사람이 있어도 정확한 온도감지
비대면 검사 가능

살균 공기정화 에어커튼
플라즈마 에어커튼으로 살균된
공기가 소독을 시켜줍니다

스마트환경센서 및 보안시스템
이산화탄소농도, 미세먼지농도, 등
다양한 공기질 평가
자체보안시스템과 연계기능
출입 정보 제어가능

[바이제로 감염 예방 절차]

STEP

QR CODE에 스캔을 합니다.

STEP

방역 게이트를 통과하기 전에 안면인식을 시작합니다.
마스크의 착용여부를 확인합니다.
발열측정을 합니다.

STEP

방역 게이트를 통과할 때 살균에어와 동시에 살균수가 분사되어
전신 소독을 하게 됩니다.

성인,어린이, 휠체어 앉은 키 등 높이에 맞춰 분무가 시작됩니다.

강한 살균에어로 살균수가 얼굴에 닿지 않고 호흡기로 들어가지
않습니다.

세균 및 바이러스를 살균합니다.

살균수 분무시 마스크를 착용한 상태로 분무가 되어 호흡기에
안전하도록 설계되어 있습니다.
마스크 미착용시 살균수가 분무되지 않습니다.

 SAFE ZONE

[살균수 시스템]

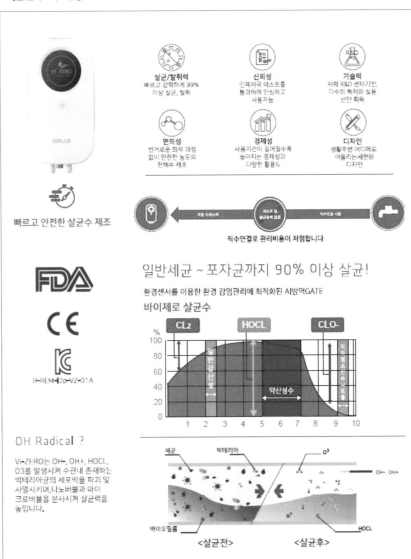

HOCL

차아염소산수는 미국과 일본 등에서 의료적으로 활용되는 살균수로 효능과 안전성이 검증된 물질입니다.
식품의약품안전처는 차아염소산수를 인체에 해가 없는 무독성 식품첨가물로 허가했고, 미국 FDA에서도
인체에 무해한 물질로 승인하였습니다.

VI ZERO 의료용 진해수기
무독성으로 뛰어난 안전성

HOCL(차아염소산)의 주성분으로 피부점막과 손상된 피부에도 자극이나 해가없고,
실수로 마셔도 인체에는 안전하여 기구 및 환경의 전 범위에 사용이 가능합니다.

OH Radical
OH 라디칼

바이러스와 세균을 99.9% 박멸시키며, 미래의 환경적인 문제를 해결하는 대안물질로 부각되고 있습니다.

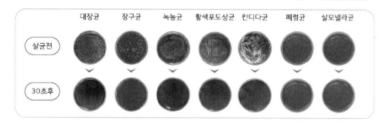

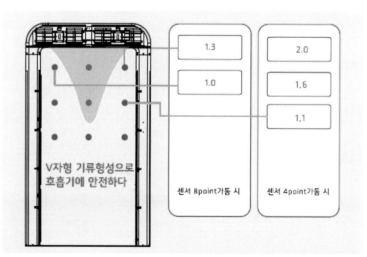

V자형 기류형성으로
호흡기에 안전하다

센서 8point가동 시   센서 4point가동 시

[바이제로 열 감지 프로세스]

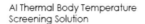

AI Thermal Body Temperature Screening Solution

Auto
초정밀 인체용
열화상 카메라
오차 최대 +0.3 C

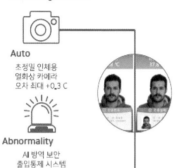

빠른 열감지로 대기시간이 없다
다중 열감지 가능
출입자를 자동 인식하여 작동
조건 미부합 게이트 차단 및 알림
관리자에 알림 문자나 메일전송
음성송신 및 LIGHT 작동
마스크 미착용인식

Abnormality
AI 방역 보안
출입통제 시스템

Face
1초 내에 30명
다중 안면인식

Crowd
많은 대중이 동시 입장 시
1초 이내에 최대
30명 열화상 측정

Contact
비대면으로 언제 어느
때든 간단 신속 정확하게,
빈틈없이 관리합니다.

Fast
초고속 정밀 센서로 측정

간편한 등록
단 1장의 얼굴등록만으로도 최고의 인식을 가능
(타사 : 복수 사진 필수 등록)

얼굴인식수준
머리스타일 변경, 안경/마스크 착용에도 정확한 인식
상하좌우 30도 이내 인식/30Cm~1m이내 인식
사진과 실제 얼굴 구별 인식

차별화 성능
열굴에 최적화된 인공신경
네트워크 구조의 AI 알고리즘 적용
지문인식가 수준의 높은 인식률

딥러닝 기반
AI 전용 GPU 사용으로 성능 극대화
FHD 카메라영상으로 얼굴인식
차별화된 전용 사용자 프로그램

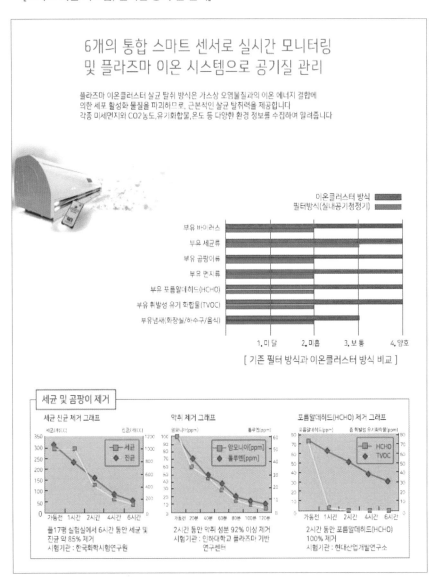

6개의 통합 스마트 센서로 실시간 모니터링 및 플라즈마 이온 시스템으로 공기질 관리

플라즈마 이온클러스터 살균 탈취 방식은 가스상 오염물질과의 이온 에너지 결합에
의한 세포 활성화 물질을 파괴하므로, 근본적인 살균 탈취력을 제공합니다
각종 미세먼지와 CO2농도,유기화합물,온도 등 다양한 환경 정보를 수집하여 알려줍니다

이온클러스터 방식
필터방식(실내공기청정기)

부유 바이러스
부유 세균류
부유 곰팡이류
부유 먼지류
부유 포름알데히드(HCHO)
부유 휘발성 유기 화합물(TVOC)
부유냄새(화장실/하수구/음식)

1. 미달   2. 미흡   3. 보통   4. 양호

[기존 필터 방식과 이온클러스터 방식 비교]

세균 및 곰팡이 제거

세균 진균 제거 그래프
세균/개(CCJ)   진균/개(CCJ)
- 세균
- 진균

가동전 1시간 2시간 4시간 6시간

를17평 실험실에서 6시간 동안 세균 및
진균 약 85% 제거
시험기관 : 한국화학시험연구원

악취 제거 그래프
암모니아(%ppm)   톨루엔(ppm)
- 암모니아[ppm]
- 톨루엔[ppm]

가동전 20분 40분 60분 80분 100분 120분

2시간 동안 악취 성분 92% 이상 제거
시험기관 : 인하대학교 플라즈마 기반
연구센터

포름알데히드(HCHO) 제거 그래프
포름알데히드(%ppm)   총 휘발성 유기화합물(ppm)
- HCHO
- TVOC

가동전 1시간 2시간 4시간 6시간

2시간 동안 포름알데히드(HCHO)
100% 제거
시험기관 : 현대산업개발연구소

[스마트 환경 센서 및 보안 시스템]

종합관리오퍼레이팅시스템

이산화탄소농도,미세먼지농도,등 다양한 공기질 평가 자체보안시스템과 연계가능 입,출입 정보 제어가능

| 온도 | 습도 | 미세먼지 | 초미세먼지 | 종휘발성 유기화합 | 이산화탄소 |

[실시간 공기질 관리]

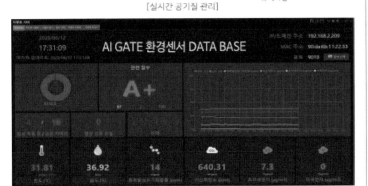

보안출입시스템

게이트 연동

PC 필요없이 자체 내상으로

인포메이션데스크 / 통행자

동시화면 출력 가능

비대면

모바일 모니터링 가능

[바이제로 게이트 모델 및 사양]

제품명 : VI-ZERO AI 방역 GATE
모델명 : VI-ZERO A_TYPE
정격전압 : AC220V/60Hz
사이즈 : 180*250(Cm)
소비전력(W):200W
무게 : 80 KG
평균분사입자 : 30UM

제품명 : VI-ZERO AI GATE
모델명 : VI-ZERO B_TYPE
정격전압 : AC220V/60Hz
SIZE : 1800X250X170(좌,우)
발판 : 1400X40X1570
소비전력(W):200W
무게 : 40KG
평균분사입자:30UM

제품명 : VI-ZERO AI GATE
모델명 : VI-ZERO C_TYPE
정격전압 : AC220V/60Hz
SIZE : 1400X400X1310
발판 : 1400X40X1570
소비전력(W):200W
무게 : 30KG
평균분사입자:30UM

[바이제로 게이트 옵션]

출입단말기	
QR CODE 단말기	
옥외용 부스	

　대학병원, 호텔, 빌딩 같은 대형 건물이나 식당, 학원, 학교와 같이 다양한 교차 감염이 우려되는 곳이면 어디든 설치하여 운용할 수 있다. 코로나19 이슈로 전담 관리자가 꼭 필요한 곳에 비대면 무인 시스템으로 출입관계를 관리할 수 있다.

2. 정수기 및 수도안심
물 관련 제품

내구성과 신뢰성 최고의 혁신 제품

물 관련 제품은 스테인리스 소재부터 품질을 꼼꼼하게 관리한다. 그리고 제품 소재에 대한 이해 정도와 가공 방법에 따라 물탱크 내구성과 신뢰성이 좌우되므로 제품이 사용되는 다양한 환경을 고려하여 생산한다.

제품 설계, 금형 개발에서 효율적인 생산 공정까지 ONE-STOP으로 가동하고, 주요 생산 공정은 본사에서 진행하므로 보다 안전한 제품을 만들 수 있다. 기존의 용접으로 이어 붙인 물탱크 용기는 이음새가 부식되어 용기가 새는 등의 치명적인 단점이 있었는데, TANK 모듈과 기밀 처리 기술을 적용한 딥 드로잉 방식으로 그런 단점들을 완벽하게 해결했다.

현진은 이런 뛰어난 제품 기술력과 높은 신용도 덕분에 청호, 쿠쿠, 한솔, 교원과 같은 10여 개의 대기업과 비즈니스 파트너십을 맺고 있다.

특히 현진의 기술력이 돋보인 제품은 '수도안심 스테인리스 정수기' 다. 우리나라의 20년 이상 노후화된 수도관은 전체의 32.4%로, 녹과 중금속으로부터 안전하지 못한 상태다. 30년 이상 묵은 경년관만 해도 전체의 14%나 되어 한꺼번에 교체할 수 없는 상황이다. 이런 수도관을 통해 공급되는 물은, 발암물질THM을 비롯한 인체에 유해한 성분이 포함된 연소소독 및 소독상태 불량으로 온갖 세균과 미생물의 온상이 되기도 한다.

바로 이런 수돗물이 개별 가정에 최초로 진입하는 계량기에 대용량 필터를 정착한 정수기를 설치하여 안전하게 정화된 물을 사용할 수 있도록 한 것이 바로 수도안심 스테인리스 정수기로, 지금껏 누구도 시도해보지 못한 혁신 제품이다.

_ 수도안심 스테인리스 정수기

현진의 혁신기술이 접목된 물 관련 제품들

[대기업 OEM으로 생산하는 정수기 모듈 및 어셈블리]

물 관련 제품

Stainless 원소재부터 품질을 꼼꼼하게 관리하여, 제품 소재에 대한 이해와 가공 방법에 따라 TANK 내구성 및
신뢰성이 좌우되기에 제품이 활용되는 다양한 환경에서의 사용성 등을 고려하여 생산하고 있습니다.
제품 설계, 금형 개발에서 효율적인 생산운용까지 ONE-STOP 수행이 가능하며, 주요 생산 공정을 본사에서
진행하여 보다 안전한 제품입니다.

온수 모듈
· 용접 저장식 온수 모듈
· 무용접 저장식 온수 모듈
· 용접 직수식 온수 모듈
· 무용접 직수식 온수 모듈

냉수 모듈
· 저장식 냉수 모듈
· 직수식 냉수 모듈
· 탄산 탱크 모듈
· 증발기 모듈
· 축압기 모듈

_ 수도안심 스테인리스 정수기 제품

3. 다양한 소재를 적용하여 개발한 특수 제품

현진은 특수 제품 개발에도 관심을 기울여 다양한 산업 분야의 요구 수요에 맞춰 제품 개발부터 생산까지 토털 솔루션을 제공한다. 스테인리스 소재 외의 철, 특수합금, 알루미늄 등까지 소재를 확대하여 제품 생산에 폭넓게 적용함으로써 고객 맞춤 생산을 구현하게 되었다.

특히 우리 국군의 오랜 숙원사업이었지만 지지부진해온 장병들의 수통 교체를 위해, 신개념 건강 군용 수통을 개발한 것은 또 하나의 자부심이다.

_군용수통 제품

특수 제품

다양한 산업분야의 요구 수요에 맞추어 제품 개발부터 생산에 이르기까지 토탈 솔루션을 제공합니다.
Stainless 소재 외의 철, 특수 합금, 알루미늄 등으로 확대하여 다양한 소재를 적용함으로써
고객 맞춤의 제품 구현이 가능합니다.

대표 제품 유형

· 언더 카운터 플레이트
· 스테인리스 믹서
· 연막통
· 싱크볼

4. 아이디어가 빛나는
'어스템' 과 생활용품들

건강한 주방 문화 선도, 폭발적인 소비자 반응

플라스틱 밀폐 용기를 사용하는 데 따른 환경호르몬 노출 문제가 부각되면서 변화의 조짐이 보임에 따라 현진은 스테인리스 스틸 소재를 사용한 주방용 밀폐용기 '어스템U-STEM' 을 개발했다. 스테인리스 소재로 만들어진 어스템의 장점은 위생적이고 신선한 보관 기능이 뛰어나다는 것이다.

40여 종의 스테인리스 밀폐용기 어스템은 환경호르몬이 유발되지 않는 친환경 제품으로 인체에 안전하다. 또 스테인리스에 함유된 구리 성분이 항균 효과를 발휘하며 세균 번식을 억제해 음식의 신선도가 오래 유지되고 용기에 냄새나 색소가 배지 않는다.

어스템의 또 다른 장점은 젖병 생산에 사용되는 친환경 플라스틱 재질인 트라이탄으로 뚜껑에 투시창을 설치하여 용기 내부의 음식물을 확인할 수 있는 '스마트 뷰'를 실현했다는 점이다. 이 밖에도 스크래치 없는 뛰어난 안정성과 고광택 및 내구성 구현 등의 다양한 장점을 더하여 주방 문화를 혁신했다는 평가까지 받고 있다.

주방용 밀폐 용기 '어스템' 과 생활용품들

[대표 제품 유형]

밀폐 용기직사각, 정사각, 원형, 소분 용기직사각, 대형 용기직사각, 정사각, 냉동 용기직사각, 진공 용기직사각, 미니 용기직사각, 원형, 텀블러진공형, 일반형, ACC스텐망, 누름판 등

_ 최고 히트 상품

[투시창으로 스마트 뷰를 구현한 어스템]

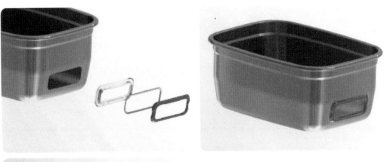

[다양한 생활용품]

5. 바이오 세라믹 코팅 주방용 조리도구

과학과 세련미를 입은 주방용품의 변신

현진이 개발한 주방용 조리도구는 기존의 다른 제품들이 가진 거의 모든 단점을 개선하여 친환경 특성을 구현한 혁신 제품이다.

프라이팬, 냄비, 팬 플레이트 세트가 주종을 이루는데, 스테인리스-알루미늄-스테인리스의 통3중 구조로 되어 열을 빠르고 고르게 전달하는데다가 보존력이 뛰어나고, 표면에는 무독성 친환경 세라믹, 황토, 숯이 겹으로 코팅되어 있다. 각종 성능 테스트를 통해 인체에 유해한 중금속이 검출되지 않는 안정성을 확인했고, 20만 회의 내마모성 시험에서 바탕 소재가 노출되지 않았으며, 계란 프라이 기준으로 6cycle+3times63회 논스틱 성능 시험을 통과했다.

친환경 소재 첨가로 40℃의 저온에서도 95%의 원적외선을 방출함

으로써 높은 온도로 인한 열 손실 없이도 어떤 요리든 가능한데다가

주요 주방용 조리기구들

100%에 가까운 항균 효과를 보였다. 게다가 녹과 부식을 감소시키고
광택 효과까지 있어 세척 기능까지 크게 향상되었다.

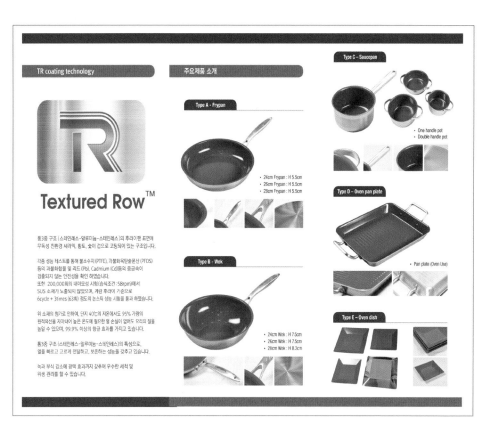

6. 획기적인 **우산 건조기** '레인블레이드'

우산 건조기를 개발한 이유

우리나라에서만 버려지는 우산 비닐 커버가 해마다 1억 장이다. 그런 엄청난 비닐 커버가 제작되고 처리되는 과정에서 환경이 파괴된다. 젖은 비닐 커버는 재활용이 안 되기 때문에 고스란히 폐기물이 되고, 그것이 썩어서 분해되는 데는 자그마치 100년이 걸린다. 참고로, 우리나라 1인당 폐비닐 및 플라스틱 배출량은 연 98킬로그램으로 세계 1위를 자랑한다.

2008년, 세계 1회용 비닐봉투 없는 날 International plastic bag free day이 제정된 이후 국내는 물론 세계적으로 관련 NGO 활동이 활발하게 벌어지고 있다. 2018년 5월 10일, 우리 정부도 이런 추세에 부응하여 플라스틱 및 폐비닐 발생량 50% 감축 대책을 발표했다. 발표 이후부터 공공기관과 지하철에서 1회용 우산 비닐 커버 사용이 금지되었다.

이에 따라 비가 왔을 때 우산에 흐르는 빗물을 처리할 대안의 필요성이 더욱 커졌다.

기존의 빗물제거기가 가진 치명적인 문제점

그 대안이 바로 빗물제거기인데, 서울시에서 기존의 빗물제거기를 시범적으로 사용해본 결과 적잖은 문제점들이 드러났다.

사용 모델이 애초 우산 3,000개까지의 빗물을 처리할 수 있다고 해서 구입하여 사용한 것인데, 실제로는 우산 1,000개 처리 용량에 불과했다. 1,000개 이후로는 물기 흡수력이 현저히 떨어져 사실상 빗물제거기 기능을 발휘하지 못한 것이다. 더구나 약 200회를 사용한 후에는 극세사를 분리하여 제품 내의 짤순이로 물기를 제거한 다음에 다시 부착하여 사용해야 하는 번거로움까지 있었다. 그러니까 우산 1,000개를 처리하려면 5회는 그런 번거로운 과정을 반복해야 한다.

더 나쁜 것은, 극세사의 흡수력이 감소한 후에는 자주 사용하면 악취까지 풍긴다는 것이다.

왜 현진이 개발한 '레인블레이드' 인가?

　현진이 개발한 레인블레이드는 무엇보다 사용 횟수에 상관없이 최상의 빗물 제거 기능을 유지한다는 것이다. 또 건조 시간이 아주 짧고, Jet Blade 기술을 이용하여 초고속으로 자동건조를 시킨다는 점이 특징이다. 더구나 상대적으로 낮은 유지관리비도 장점이다. 그리고 하나 더, 물체가 아니라 바람의 힘으로 물기를 털어내므로 긴 우산뿐 아니라 짧은 우산도 전혀 손상 없이 빗물을 제거할 수 있다는 점은 획기적이다.

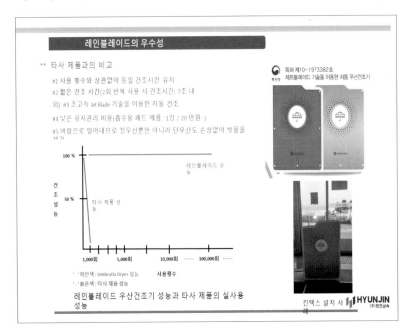

[레인블레이드 각부 명칭 및 사용법]

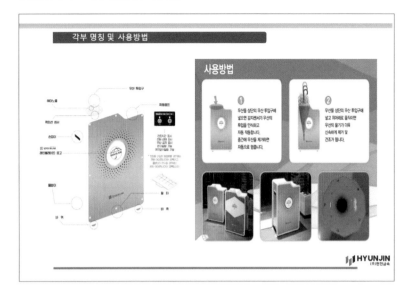

[레인블레이드 안전인증]

(주) 현진금속의 성장과 현재의 모습

걸어온 길

[각종 인증서 및 특허증]

History 연혁

2020 · 가족 친화기업
· 경기도 유망중소기업
· GBSA 경기도 스타기업

2019 · 사업장 확장 이전
· 기술연구소 설립
· 스마트공장시스템 구축
· 수출 유망중소기업 인증

2018 · 전문뿌리기업 인증
· 부품소재전문기업 선정
· 기술혁신중소기업 선정
· KOTRA 무역사절단 참가
· G-페어 코리아 박람회 출품

2017 · 프론티어스타기업 선정
· IBK Familly 기업 선정
· 벤처기업 선정

2016 · 현진금속 = (주)현진금속 통합

2015 · 제 2공장 설립
· 연구개발전담부서 설립

2014 · (주)현진금속 설립

2003 · ISO9001 / ISO14001 인증
· 현진금속 설립

Business partners 비즈니스 파트너

Certificates 인증서

Patents 특허증

(주) 현진금속의 성장과 현재의 모습

Awards 수상실적

〈경기가족친화 일하기 좋은 기업〉선정패

[회사 전경과 공장 내부 모습]

(주) 현진금속의 **성장과 현재의 모습**

가공 설비

대표 설비유형

- 유압프레스
- C형 싱글 프레스
- 다공정 복합기
- 측면 가공기
- 벤치 레스

생산 설비

대표 설비 유형

- 레이저 자동용접기
- 자동 / 스폿 / 로봇 알곤용접기
- 무용접 가공기 : 원형 / 장원형 / 각형
- 맞대기 용접기
- 누설 시험기
- W.I.R 특성 시험기

●

어머니, 나의 어머니,
우리 어머니

어머니, 듣기만 해도 누구나 울컥 하는 이름이지요. 역시 저에게도
어머니는 존경하는 분이면서도 시큰하고 먹먹해지는 이름입니다. 어
머니, 김점동 여사.

저는 지금도 어머니만 생각하면 죄스러운 마음이 앞섭니다. 철없던
어린 시절에 어머니가 무슨 일로 학교에 오면, 손이 불편한 어머니가
부끄러워 숨기 바빴거든요. 애들이 놀리면 그 애들을 혼내줄 생각은
못하고 그저 놀림당하는 게 싫어서 어머니를 부끄러워하다니, 아무리
철이 없기로서니 참 한심하지요.

그런 세월도 좀 흘러 철이 들락 말락 할 무렵, 그래봤자 초등학교 4
학년 때 누나랑 형이랑 작당하여 어머니 생신상을 차려드렸습니다.
하얀 쌀밥도 짓고 미역국도 끓이고 생선도 굽고 평소 못 먹던 반찬도

몇 가지 장만해서 생신상을 차려드리고, 소박하나마 선물도 하나씩 준비했지요. 어머니는 그 상을 받아 앞에 두고 한 술 뜨기도 전에 내내 눈물바람이었습니다. 시집온 이후로 처음 받아보는 생신상이니, 그것도 어린 자식들이 작당해서 서툰 솜씨나마 정성을 다해 차려 드린 것이니 어찌 눈물 나지 않을까요.

어머니는 우리를 강하게 키웠습니다. 오뉴월에도 서리가 내릴 만큼 엄격했어요. 그땐 그것이 원망스럽기도 했지만 커서는 제일 고맙게 생각하는 부분입니다. 만 섬의 재물보다 더 값진 유산이었어요.

서울올림픽이 있던 해니까 1988년이군요. 어느 날, 퇴근해서 술 먹고는 오토바이를 몰고 가다가 사고를 냈습니다. 사람을 치고 나서 승용차를 들이받았다는데, 저도 병원에서 깨어나서야 사고 낸 줄을 알았어요. 그때가 특별단속기간이어서 바로 구속되어 3개월간 유치장에 있으면서 재판을 받아야 했습니다. 피해자들과 합의를 봐야 하는데, 보증금 500만 원에 사글세 10만 원짜리 방에서 신혼살림을 사는 제게 무슨 돈이 있겠어요. 그때 어머니가 아들부터 살리고 봐야 한다며 시골 땅 2,000평을 팔아서 줬어요. 3,600만 원이니 꽤 큰돈이지요. 당시 우리 부모님들한테 땅이 어떤 의미였는지 다들 아시잖아요. 피 같고 살 같은 거잖아요. 피와 살을 아낌없이 내준 거예요. 어머니는 자식에게 이렇게 한없이 주기만 하는 존재입니다. 부모자식 간이지만 그 빛이 늘 마음에 남아 있어요.

'현진' 금속이라고, 회사는 아들 이름을 걸고 시작했지만, 이 책은 어머니께 바치고 싶군요. 오늘의 제가 있기까지 무수한 은혜를 입었지만 어머니 은혜를 비할 데가 있을까요. 어머니, 부르기만 해도 눈물 나는 어머니, 이 책이 어머니 마음에 들었으면 좋겠어요.

존경하고 사랑합니다, 어머니.

삶을 업그레이드하는 더 나은 책 　　**모아북스의 경제 · 경영 · 자기계발 도서**────

직장생활이 달라졌어요

정정우 지음
256쪽 | 15,000원

4차산업혁명의 패러다임

장성철 지음
248쪽 | 15,000원

리더의 격 (양장)

김종수 지음
244쪽 | 15,000원

숫자에 속지마

황인환 지음
352쪽 | 15,000원

살아가면서 한번은
당신에 대해 물어라

이철휘 지음
252쪽 | 14,000원

1등이 아니라 1호가
되라 (양장)

이내화 지음
272쪽 | 15,000원

감사, 감사의 습관이
기적을 만든다

정상교 지음
242쪽 | 13,000원

아바타 수입

김종규 지음
224쪽 | 12,500원

독한 시간

최보기 지음
248쪽 | 13,800원

독서로 말하라

노충덕 지음
240쪽 | 14,000원

뚜띠쿠치나에서 인문학을
만나다

이현미 지음
216쪽 | 14,000원

밥이 고맙다

이종완 지음
229쪽 | 15,000원

당신이 생각한 마음까지도 담아 내겠습니다!!

책은 특별한 사람만이 쓰고 만들어 내는 것이 아닙니다.
원하는 책은 기획에서 원고 작성, 편집은 물론,
표지 디자인까지 전문가의 손길을 거쳐
완벽하게 만들어 드립니다.
마음 가득 책 한 권 만드는 일이 꿈이었다면
그 꿈에 과감히 도전하십시오!

업무에 필요한 성공적인 비즈니스뿐만 아니라 성공적인 사업을 하기 위한
자기계발, 동기부여, 자서전적인 책까지도 함께 기획하여 만들어 드립니다.
함께 길을 만들어 성공적인 삶을 한 걸음 앞당기십시오!

도서출판 모아북스에서는 책 만드는 일에 대한 고민을 해결해 드립니다!

모아북스에서 책을 만들면 아주 좋은 점이란?

1. 전국 서점과 인터넷 서점을 동시에 직거래하기 때문에 책이 출간되자마자 온라인, 오프라인 상에 책이 동시에 배포되며 수십 년 노하우를 지닌 전문적인 영업마케팅 담당자에 의해 판매부수가 늘고 책이 판매되는 만큼의 저자에게 인세를 지급해 드립니다.

2. 책을 만드는 전문 출판사로 한 권의 책을 만들어도 부끄럽지 않게 최선을 다하며 전국 서점에 베스트셀러, 스테디셀러로 꾸준히 자리하는 책이 많은 출판사로 널리 알려져 있으며, 분야별 전문적인 시스템을 갖추고 있기 때문에 원하는 시간에 원하는 책을 한 치의 오차 없이 만들어 드립니다.

기업홍보용 도서, 개인회고록, 자서전, 정치에세이, 경제 · 경영 · 인문 · 건강도서

모아북스
MOABOOKS 문의 0505-627-9784

작지만 강한 기업의 성장 엔진

센스 9단

초판 1쇄 인쇄	2021년 03월 12일
1쇄 발행	2021년 03월 22일

지은이	홍종국
발행인	이용길
발행처	**모아북스** MOABOOKS

관리	양성인
디자인	이룸
총괄	정윤상

출판등록번호	제 10-1857호
등록일자	1999. 11. 15
등록된 곳	경기도 고양시 일산동구 호수로(백석동) 358-25 동문타워 2차 519호
대표 전화	0505-627-9784
팩스	031-902-5236
홈페이지	www.moabooks.com
이메일	moabooks@hanmail.net
ISBN	979-11-5849-143-7 03320